天才プログラマー
タンメイが教える

Julia
超入門

Tanmay Bakshi 著

菅原宏治 訳

東京化学同人

Tanmay Teaches Julia for Beginners

A Springboard to Machine Learning for All Ages

Tanmay Bakshi

表紙・本扉イラスト：ふくとみあやこ

私は本書を，何百万人もの意欲をもった初心者と，プログラミングに関する質問や悩みを私に相談してくれた人たちに捧げます．

本書がみなさんの旅路の一助となり，教育，医療，セキュリティ，農業などの分野で，社会のために機械学習システムやソリューションを学び，創造するための踏み台（契機）となることを願っています．

推 薦 の 辞

Tanmay さんを紹介する必要はないでしょう．5 歳から独学でプログラミングを学んだ彼は，TED Conference*1 の講演者や IBM クラウド主任研究員を務め，CNBC*2 のインタビューを受けています．これらは彼への賞賛の一部に過ぎません．Tanmay さんは優秀なプログラマーであるだけでなく，わかりやすく伝える能力にも長けています．彼が初心者や子供たちにプログラミングを教えることを自らの使命としていることは，私にとって大きな喜びです．

私自身は，12 歳のときにプログラミングを覚えて，まったく新しい世界の見方に開眼しました．学生時代，数学や科学の概念をプログラムすることは非常に価値があり，自分の理解力を高め，周囲の世界の直感力を養うのに役立ちました．BASIC から始めた私は，その後 C 言語を習得しました．実行性能が向上したことで，多くの新しい可能性が広がりました．Python と MATLAB を使って，より高い抽象化の力を学びました．ただし，実行性能を上げるために一部を C 言語で書き直さなければならないこともありました．

Julia はこのような二言語問題を解決しました．それこそが Tanmay さんがこの素晴らしい本を書いた理由です．Julia を新たに学ぶ人は，二言語問題に悩まされることなく，長期的に役立つプログラミング言語を用いてプログラミングの旅を始め，さらに複雑なアイデアへと視野を広げることができます．私たちは，気候変動，医療，環境保全，再生可能エネルギーなどの難しい問題に取組む必要があります．数学，計算機学，機械学習は，その解決に欠かせないものです．

Tanmay さんは，誰もがプログラミングの方法を学べるようにやる気にさせることから，この本を始めます．変数，条件分岐，配列，辞書，関数，入出力，エラー管理，パッケージエコシステムなどの概念を教えることで徐々に構築できることを増やしていきます．機械学習の章では，これらすべての概念を結びつけて，最新の機械学習アルゴリズムを学習者の指先に運んできます．Tanmay さんの YouTube チャンネルに掲載されたコンテンツは，本書との

---

*1 ［訳注］非営利団体 TED が主催する大規模な世界的講演会.
*2 ［訳注］ニュース通信社 Dow Jones & Company, Inc. と米国の大手テレビネットワークの NBC が共同設立したニュース専門放送局.

相性が抜群です.

　お子さんがいらっしゃる方なら，この本をプレゼントしてください．あなたが教員なら，この本を授業で使ってください．教育行政関係者なら，この本を教科課程や教育制度に持ち込んでください．この本は単に Julia でのプログラミング方法を読者に教えるだけではなく，私たちが直面しているもっとも困難な問題に取組むための次世代の心の準備をしているのです.

Julia 言語共同開発者
Julia Computing 共同創設者，CEO
Dr. Viral B. Shah

まえがき

　本書 "Tanmay Teaches Julia for Beginners" は，少なくとも 10 万人の意欲のあるプログラミング学習者に手を差し伸べ，プログラミングを学ぶ手助けをするという私の目標に向けた取組みの一つです．この本が特別なのは，単なるプログラミング言語でなく，Julia プログラミング言語を教えているという点です．Julia は，現在と未来の根本的な問題，すなわち，膨大な量の非構造化データの処理という問題を解決するために設計されました．

　今はコード作成を習得するだけでは物足りなくなっています．私たち人間が生み出した構造化されない情報をテクノロジーが活用できるようになる未来に備える必要があります．そのためには，計算機学，数学，そして時には科学の中の特定の分野に関する幅広い知識が必要となります．

　これからの技術は擬似知能です．しかし，プログラミング言語の大部分は，人工知能（AI）や機械学習（ML）とは根本的に一致しない目標をもって開発されました．Julia は違います．使われている個々の技術と手法は新しいものではありませんが，Julia は，個々の技術・手法を，実行性能が高く，エレガントで，簡単な方法で統合した最初のプログラミング言語です．Julia は将来のコンピューティングのために特別に設計された言語です．現在のような計算負荷を処理するために開発されたわけではない言語のための，かさばるソフトウェアというパラダイムから脱却できます．

　そして今，この言語をあらゆる年代の機械学習の初心者や愛好家に提供することで，世界中の誰もが機械学習の技術を学び，それを使って開発できるようにしようと，本書を出版しました．

謝　辞

　私のモチベーションを維持するために無条件で協力してくれた家族とメンターには，本当に感謝しています．新企画 Tanmay Teaches シリーズの最初の本を書くにあたり，ご協力いただいた McGraw-Hill Education の素晴らしいチームに特別な感謝の意を表します．特に，この本を成功させるために必要な助け，忠告，意見を提供してくれた McGraw-Hill 社の Lara Zoble 氏に感謝します．また，この本を書籍の形にしてくれた Patricia Wallenburg 氏にも感謝します．

　そして，この本を執筆中，助言を頂いた Julia Computing の共同創設者で CEO の Viral Shah 博士に特別な感謝の言葉を贈ります．

Tanmay Bakshi

著者紹介

　人工知能（AI）と機械学習（ML）の最年少の専門家として最もよく知られているのは，15歳（原著刊行時）の Tanmay Bakshi さんです．最近ではほかにも "Hello, Swift!"，"Cognitive Computing with IBM Watson" の2冊を執筆しています．

　"天才プログラマー タンメイが教える Julia 超入門（原題：Tanmay Teaches Julia for Beginners）" は，少なくとも10万人のプログラマーや初心者に手を差し伸べ，プログラミングを学ぶ旅の手助けをしようという彼の目標の成果です．15歳で ML に情熱を燃やしているプログラマーである Tanmay さん自身が，初心者が機械学習開発の世界への旅を楽しく簡単な方法で始めるためのプラットフォームとして働く情報源をつくりたいと考えていました．

　Tanmay さんは12歳のときに IBM 最大の会議で初めての主要な基調講演を行い，IBM Watson を搭載した世界初の Web ベースの自然言語による質問回答システムである AI/ML ベースのアルゴリズム "AskTanmay" を発表しました．彼は TED の講演者です．次世代技術が人間の生活に与える影響について，国連，IBM，Apple，KPMG，SAP，NASSCOM，Linux Foundation，Walmart などの組織のために，世界中の数多くの会議で基調講演を行っています．5歳の頃からコード作成に情熱を燃やしていた彼は，アプリケーションを作成し，作成したアプリケーションを Apple App Store にアップロードして，自分自身が学んだことの恩恵を誰もが受けられるようにしました．Tanmay さんはその後，その専門知識を活かし，"Tanmay Teaches" という YouTube チャンネルを立ち上げ，人工知能，機械学習，科学，数学，アルゴリズム，プログラミングなどさまざまな分野の知識を共有しています．視聴者からの質問やコメントを集め，質問に答える動画をつくるのが好きなのだそうです．

　また，Apple Education，HSBC，Citigroup，オークランド大学，インド工科大学（IIT），Deloitte，レイキャビク大学などでセミナーを開催しています．

　Tanmay さんは，LinkedIn の Twilio Doer Award，Knowledge Ambassador Award，Global Goodwill Ambassador を受賞し，IBM Champion for Cloud，Google Developer Expert for Machine Learning を受賞しています．

×

　カナダでホームスクールをしている小学 10 年生（原著刊行時）で，姉と両親と一緒に暮らしています．友人と一緒に自転車に乗ったり，卓球をしたりするのが好きだそうです．また，第四次産業革命機構の計算思考コーチ，グラッドバレーデータサイエンスのアドバイザー兼リードファカルティ，情報経営イノベーション専門職大学（東京）の客員教授としても活躍しています．

訳者まえがき

　本書は，Tanmay Bakshi 著 "Tanmay Teaches Julia for Beginners"，McGraw-Hill Education（2020）の日本語訳です．原著は，プログラミング未経験者向けに，プログラミングの意義から解き始め，Julia 言語の基本を説明し，機械学習の一手法を例示し締めくくっています．訳出にあたり，単なる逐語訳ではなく，日本の実情に合わせた Julia 入門書として仕上げるべく，次のような工夫をしています．

1. 本書掲載のプログラムすべてを動作確認しました．確認に用いた環境は Apple 社 MacBook Pro 16.2（Intel Core i7 プロセッサ），Mac OS 11.6.1，校正最終時点の最新版 1.6.4（2021 年 11 月 19 日公開）の公式 Julia バイナリです．Julia 本体および関連パッケージの開発速度は非常に速く，頻繁に更新されるため，特に第 9 章の原著コードは最新版パッケージでは動作しません．本書では，大きな修正なしに原著コードを動作させることを優先し，用いるパッケージを最新版よりも古い版に固定したことをご容赦ください．

　　なお，本書に収録されたプログラムコードは東京化学同人ホームページ（http://www.tkd-pbl.com）からダウンロードできます．

2. Julia のプログラムを実際に計算機にタイプし実行する際に初学者が戸惑いがちな文字コードの表記と入力方法，漢字コードの扱い方についてコラムを用意し，説明を追加しました．Julia のコードは Unicode 文字集合で表記されますが，用いるオペレーティングシステムの性格により，日本語文字を自由に利用できると想定するのが難しい状況と考えます．プログラム中の文字列の英文和訳は第 3 章から行いました．

　現在のビッグデータ，IoT，機械学習などのキーワードで語られる分野は，量が質の変化をもたらす希有な事態にあります．膨大な多次元データを自然に取扱うことができる Julia 言語は優秀なツールであり，学習する価値はきわめて高いと考えます．

　訳者の Julia との出会いは，2016 年半ばに Julia 0.5 版に触れたことにさかのぼります．当時，数値計算には Fortran と C，テキスト処理には Ruby

をおもに利用していました．しかし，Julia の簡潔かつ厳格な文法と柔軟な表現力，圧倒的な実行性能に魅了され，Julia が訳者の第一選択の言語になりました．また，2018 年度に発足した現在の所属組織で大学初年度学生向けのプログラミング演習授業を主担当する機会に恵まれ，開講当初から Julia 言語を用いて演習題材を受講学生に提供しています．

　訳者が Julia を深く知るに至ったのには，Julia コミュニティとの日頃の交流が大きく，この場を借りて御礼申し上げます．本書の第 10 章では日本語の Julia 情報源を紹介できませんでしたが，本書を通じて Julia への関心を高めた読者には，JuliaTokyo および JuliaTokai の Slack チャンネルへの登録をお勧めします．Julia の日本語コミュニティは親切で，各分野に精通した人が多いので，的確な意見を期待できます．

　東京化学同人編集部の丸山 潤さんは，原著翻訳の企画を発案推進されました．上記の工夫を具現化するために訳者と幾度も議論を重ね，編集実務をご担当いただいたことに感謝いたします．初めての商業出版の機会をいただけたのは，訳者には刺激に満ちた経験でした．

　大学入学以来の友人の伊藤 猛さんには校正原稿を読んでいただきました．最初の読者として，また，現役エンジニアとしての立場から，多くの有益な指摘と意見をいただいたことに御礼申し上げます．

　最後に，本書が Julia プログラミングを始めるようとする皆様への手引きとなれば，大変嬉しく思います．

2022 年 1 月

菅 原 宏 治

目　　　　次

プログラムコードについて

　本書収録のプログラムコードは東京化学同人ホームページ (http://www.tkd-pbl.com) からダウンロードできます.

　本書に掲載されたプログラムコードは，値を表示する命令が一部省略されています（対話環境＝REPL で実行する場合には最後に評価した値が表示されるので，表示の命令は不要です）．しかし，上記ホームページから配布するプログラムコード（データ）では，コマンドラインからの実行を想定し，必要に応じて値を表示する命令を挿入しています.

　また，本書に掲載された実行結果やエラーメッセージは原則原著に基づいています．配布するプログラムコードの実行結果は，Julia のバージョンや導入方法により，書籍内容と異なる場合があります.

Julia 環境の導入と構築

　ようこそ "世界の天才プログラマー タンメイが教える Julia 超入門" へ．この本は，新しいプログラミング言語 Julia を使ったコード作成の習得から，簡単な機械学習アプリケーションの理解とプログラミングまでを紹介します．

　この章では次の内容を学びます．

▶ プログラミングとその影響は何か，コンピューターやプログラミングが私たちの生活に与える影響とは．
▶ Julia を学ぶ理由の背景
▶ 本書が目指すこと
▶ Julia を使うための設定

　Julia は，マサチューセッツ工科大学（Massachusetts Institute of Technology, MIT）の研究者が開発した優れたプログラミング言語です．ハイパフォーマンス・コンピューティング，並列コンピューティング，機械学習など，コンピューティングの将来を念頭に置いて設計されています．

1・1　プログラミングとその影響

　最初に，プログラミングとは何か，なぜ学ぶのか，という基本的な疑問にお答えします．プログラミングとは，目的の結果を得るために，コンピューターに段階的な命令を与えて実行させることです．

　現在の私たちの生活はプログラミングに依存しているといっても過言ではありません．日常生活のあらゆることを支えるコンピューターはプログラムがなければ動きません．天気を調べたり，パソコンでエッセイを書いたり，スマートフォンでゲームをしたり，テレビで映画を見たり，車を運転したりするとき，いつも人間が書いたプログラムを実行するコンピューターを使っているのです．

しかし，この本で学ぼうとすることは，コンピューターに何かを指示する方法だけに留まりません．今やプログラミングは，それだけのものではありません．たとえば機械学習のように，新しいプログラミングの方法が生まれています．**機械学習**（machine learning）とは，コンピューターが自ら学習することです．読者の皆さんも，**人工知能**（artificial intelligence，AI）という名前で聞いたことがあるでしょう．たとえば，あなたが Siri* に話しかけるとき，携帯電話は機械学習技術を使って人間の会話のパターンを理解し，あなたが何を言っているのかを知ることができます．

1・2　なぜ Julia か

Julia は優れたプログラミング言語です．その理由を理解するには，まずプログラミング言語がどのように働くかを理解する必要があります．私たちが友人と話すとき，あるいは誰かにメッセージを送るときには，**自然言語**（natural language）を使います．人間は自然言語を理解するのが得意です．何しろ私たちは自然言語を発明したのですから．

　　　　"コンピューターの力は自然言語ではなく数学に由来する．
　　　　人と話すのは人間の方が上手い"
　　　　　　　　　IBM InterConnect 2016 での Tanmay Bakshi の発言

　しかし，コンピューターは，より幅広い演算を行う複雑で大きな計算機ですから，人間の命令をコンピューターが理解できる特定の数字の組合わせに"翻訳"する必要があります．実際には，命令を数字に変換するだけでなく，人間が使う**10 進法**（decimal system）から，**2 進法**（binary system）に変換しなければならないのです．

　私たち人間は，指が 10 本あるので，10 個の数字 0, 1, 2, 3, 4, 5, 6, 7, 8, 9 を使います．9 の次の数字は，もう数字がないので，1 と 0 を使って 10 と表します．その次は 11, 12, 13, …, 17, 18, 19 と続きます．その次の数字は，2 と 0 を使って 20 と表します．このように無限に大きな数を表現できます．

　コンピューターは電子回路なので，10 個の数字（状態）を記憶するのは簡単ではありません．最も簡単なのは 1 と 0 だけを使うことです．すなわち，オンとオフ（開と閉）の状態をもつスイッチ回路です．これを 2 進法といいま

---

* ［訳注］Apple 社 iPhone などに搭載された音声アシスタント機能.

す．コンピューターは 2 進法を使って，二つの数字だけですべての数を表すのです．

　10 進法と 2 進法の違いを視覚的に理解するために，数の数え方を，私たち人間の場合とコンピューターの場合とで観察してみましょう（表 1・1）．

表 1・1　人間とコンピューターの数の数え方

人間の数え方 （10 進法）	コンピューターの数え方 （2 進法）
0	00000000
1	00000001
2	00000010
3	00000011
4	00000100
5	00000101
6	00000110
7	00000111
8	00001000
9	00001001
10	00001010
11	00001011
・	・
・	・
・	・
・	・
18	00010010
19	00010011
20	00010100
21	00010101

　表 1・1 は，コンピューターが 0 と 1 だけを使って数字を表現する方法を示しています．さらに，世界中の言語の文字，!@#$ などの記号，歌や話し言葉の音声，画像を構成するピクセルなどを含めたあらゆるものを，0 と 1 だけを使って表現します．アプリケーションをつくるために書くプログラム自体も，2 進数で表されたファイル（バイナリファイル）として保存されます．しかし，2 進数そのものを用いてコードを書くのは難しく，不便で実用的ではありません．

　ここでプログラミング言語の出番です．コンピューターの中で使われている 2 進数で表された言語を私たちが知る必要がないのは，**コンパイラ**（compiler）が発明されたからです．コンパイラは，プログラミング言語で書いた特別なコードを，コンピューターの処理ユニット（PU）が理解できるバイナリ命令に翻訳（コンパイル）します．これらのプログラミング言語が優れているのは，特に高水準（high-level）言語では，それらの構文が英語にヒントを得ており，英語らしい語彙を使用しているからです．

　プログラミング言語には，**コンパイル型言語**（compiled language）や**インタプリタ型言語**（interpreted language）など，さまざまな種類があります．また，事前（AOT）コンパイラ，実行時（JIT）コンパイラなど，さまざまな細かい分類があります．この本では，これらの分類の詳細には触れないので，これが何を意味するのかを心配する必要はありません．知っておくべきなのは，プログラミング言語にはさまざまな種類があり，それぞれに長所と短所があるということです．

　それでは，Julia の特徴を理解していきましょう．

1・3　Julia を学ぶ理由の背景

　機械学習のような新しい種類の技術に適応するためには，機械学習業界が関心を示している言語を学ぶ必要があります．Julia はそのような言語の典型例で，現在最も急速に成長しているプログラミング言語の一つです．他の言語，たとえば Python（機械学習業界が愛用する言語）と比べて，以下のように多くの利点があります．

　a. 実行性能　　Python などの言語では，実行性能が長い間弱点でした．機械学習のように最大の実行性能を必要とするアプリケーションには，Julia がより適しています．実際，Julia のコードは C 言語のコードと同じ程度の，時にはそれ以上の速度で動作します．

　Python のような言語で実行性能が上がらないのには理由があります．これらの言語は，作成された当時の要求や，その言語を利用するプログラマーの要求を満たすようにつくられました．過去 5 年ほどの間に，科学技術計算の分野は飛躍的に発展しました．Python や C などの言語は科学技術計算の発展に貢献してきましたが，新しい技術を実装するには最適とはいえません．

　対照的に，Julia は実行性能が最重要視される機械学習アプリケーションの作成にも対応できるように開発されたのです．

b. 実行時（JIT）コンパイル　　　Julia では，プログラムは実行時にコンパイル〔just in time（JIT）compile〕されます．すなわち，実装済の方法よりも高速に実行できる特定の処理を自動的に発見し最適化します．

c. Python，C，Fortran との相互運用性　　　Python や C や Fortran で書いたコードを Julia で書き直したくない場合でも問題ありません．それらのコードを Julia で呼び出して，手間をかけずに使うことができます．

d. オープンソース，クロスプラットフォーム　　　Darwin（macOS）や Windows，あるいは，Unix 由来のコンピューター（Linux，BSD など）を利用していれば，Julia を実行できます．また，Julia について何か気に入らないことがあり，改善する手助けをしたい場合は，あなたの提案やアイデアを投稿したり，Julia に直接コードを書いたりして，皆にとってよりよいものにすることができます．

　上記 a～d は Julia を面白くしているおもなポイントの一部です．業界が Julia 言語の採用に期待している理由はほかにもたくさんあります．

　Julia プロジェクトは 2009 年に 4 人の共同開発者 Stefan Karpinski，Viral Shah，Alan Edelman，Jeff Bezanson によって開始されました．彼らが Julia を始めたおもな目的は，動的で実行性能の高い言語をつくり，二言語問題を解決することでした．たとえば，以前はほとんどのプログラマーが，Python のような単純な動的言語でアプリケーションを試作してから，C 言語のような，より機械語に近い高性能言語にそれを移植して，利用者にとって十分な堅牢性と実行速度を提供していました．しかし，これは大きな問題をひき起します．プログラマーは複数の言語を習得する必要があり，習得に時間を要し，予期しないエラーが発生しやすくなるからです．これを，**二言語問題**（two language problem）とよびます．

　また，この問題には別の側面があります．つまり，実行性能を必要とするが Python のような**高水準言語**（high-level language）で作成する必要があるアプリケーションのほとんどは，**低水準**（low-level）に近い C のような言語を併用する必要があるのです．つまり，単純なプログラムは Python で作成できるのに対して，非常に計算負荷の高いコードは C で作成する必要があるのです．これにより，新たな問題が発生します．二つの言語間の橋渡しがボトルネック（妨げ）となります．プログラム開発体制として，（1）両方の言語に完全に精通した一つのチームを組むか，（2）Python 側と C 側に分かれた二つのチームを組むか，どちらかになります．どちらの解決策も長所より短所の方が多いのです

が，それしか方法がないので誰も文句を言えませんでした.

　しかし，Julia が登場しました. 強力なコンパイラを備え，他の言語では考えられなかったことができるようになりました. たとえば，米国国立エネルギー研究科学計算センター（National Energy Research Scientific Computing Center, NERSC）では，宇宙に存在する観測可能な大物体を一つ残らずマッピングするために Julia を採用しました. 事実，Julia は世界で初めてペタスケールの実行性能を実現した高水準・動的プログラミング言語になりました.

　これは何を意味するのでしょうか. Julia は，65 万台以上のコンピューターで動作し，60 テラバイト以上のデータを処理しました. これは，Apple Computer 社のノートパソコン MacBook Pro 2016 年後期上位機種の 162,500 台以上に相当します. 通常，このような負荷を扱えるのは，C 言語や直接機械語だけです.

　Julia は，この負荷を無理せず簡単に処理しました. Julia の構文は本当に楽しく，特に C などの言語と比較すると飛躍的に簡潔です. opensourceforu. com というウェブサイト〔https://www.opensourceforu.com/（2022 年 1 月現在）〕での言葉を借りましょう.

"Julia は Python のように歩き，C のように走る"

　Julia を使うもう一つの大きな利点は，数学的計算，科学技術計算の分野にあります. たとえば，数学の論文に出てくるようなプログラムを書くことができます. 次のような数式を書きたいとします.

$$5x\sqrt{(3y)}$$

ほとんどの言語では，次のような構文になります.

```
5 * x * sqrt(3 * y)
```

　5 と x の間に乗算演算子 "*" を追加する必要があります. さらに，平方根の記号√を〔英語で "平方根"（square root）の略を意味する〕sqrt に置き換える必要があります.

　Julia では，次のように書けばよいのです.

リスト1・1 math_expression.jl

```
5x*√(3y)
```

＊　Julia の対話環境（REPL）で "√" 文字を入力する方法は，第 3 章のコラム "特殊な数学記号の挿入と Unicode"（p.51）で説明します.

　記号 √ は平方根を表します．また，数値の直後に変数を書くと，数値と変数との乗算と解釈されます．さらに複雑な関数の合成演算子なども使えます．

　このような機能を備えた言語はほかにもあります．たとえば MATLAB です．しかし，MATLAB の利用は有償であるという大きな欠点があります．MATLABのライセンスを購入しなければなりません．しかし，Julia はオープンソースであるのに，MATLAB のすべての機能だけでなく，それ以上の機能を提供します．実際，ニューヨーク連邦準備銀行（Federal Reserve Bank of New York）は，米国経済をモデル化するコードを MATLAB から Julia に移植し，実行性能を10 倍に向上させました．

1・4　本書が目指すこと

　すぐに Julia のプログラミングを始めたい方も多いでしょう．しかし，機械学習アプリケーションの開発という高度な世界にいく前に，まずは基本から始めなければなりません．具体的には，Julia でのプログラミングを学ぶことから始めましょう．

　この本では，Julia でのプログラミングの基本をすべて学んでから，Julia を用いて高度なアプリケーションを作成できる段階に到達することを目指しています．コード作成を通して例題プログラムを学び，その背後にあるプログラミングの概念を理解します．プログラミング言語としての Julia を理解した後は，例を通じて機械学習の概念を理解した後，機械学習アプリケーションを作成します．

1・5　Julia を使うための設定

　先ほども言いましたが，Julia はクロスプラットフォームのプログラミング言語です．すなわち，読者が使用しているほとんどの種類のコンピューターで，Julia によるプログラミングができるということです．いくつかのインターフェースの違いを除いて，すべてが同じになります．

　お使いの環境に合わせた Julia プログラミング言語のインストール方法を知りたい場合は，Julia 公式ホームページ〔https://julialang.org/（2022 年 1 月現在）〕のガイドに従ってください．

　Julia の環境を構築したら，作成したプログラムを実行する方法を知る必要があります．それでは，簡単なプログラムを作成して，最も人気のある三つのプラットフォーム（Windows, macOS, Linux）で実行する方法を紹介しましょう．

　このプログラムは何か特別なことをするわけではありません．"Hello, World!"

と画面に表示するだけです．これは，典型的なプログラミング入門例です．

　プログラムを書くためには，プログラムファイルを編集するためのテキストエディタというアプリケーションが必要です．代表的なテキストエディタには，Sublime Text, Atom, Visual Studio Code などがあります．今回は，Atom エディタを使ってコードを書いてから，**オペレーティングシステム**（operating system, OS）に特化した Julia コンパイラを使ってコードを実行する方法を紹介します．

　Atom エディタは，https://atom.io/（2022 年 1 月現在）からダウンロードしてインストールできます．Atom エディタをインストールしたら，新しいディレクトリ（Windows ではフォルダ）を作成して，Atom を使ってファイルを作成します．ファイル名を "helloworld.jl" としましょう．".jl" は Julia のコードに使われるファイル拡張子です．このファイルの中には，たった 1 行のコードを記述します．次の 1 行です．

リスト 1・2　helloworld.jl

```
1  println("Hello, World!")
```

　これだけです．あなたは Julia 言語で最初のプログラムを作成しました．しかし，具体的にはどのような仕組みで動くのでしょうか．

　上のプログラムで Julia に指示したことは一つだけです．println という関数を呼び出して，二重引用符（"）で囲まれたテキストを画面に表示することです．

　"関数" はコードの構成要素です．"関数" については，第 5 章で詳しく説明しますが，入力を受取り，その入力を操作したり，出力したりする機能をさすということだけしっかり頭に入れておけば，当面は十分です．

　println 関数の引数としてテキストを用意しました．println 関数は，テキストを画面に表示します．テキストは二重引用符で囲まれます．

　では，プログラムを実行してみましょう．Windows をお使いの場合は，コマンドプロンプトを開きます．Linux や macOS をお使いの場合は，ターミナルを開いてください．（コマンドプロンプトやターミナルは各 OS に標準搭載されています．）

> 注意：ここから先は，Windows の "コマンドプロンプト（command prompt）" ではなく "ターミナル（terminal）" という Unix（OS の一種）の用語を使うことにします．また，Windows の "フォルダ（folder）" は Unix では "ディレクトリ（directory）" といいます．

　プログラムを実行する利用者の名前がたとえば"tanmaybakshi"で，デスクトップの下の"JuliaBook"というディレクトリに，helloworld.jl ファイルを保存したとします．ターミナルの作業ディレクトリ〔**カレント・ディレクトリ**（current directory）といいます〕を，このファイルを保存したディレクトリに移動しましょう．OS によって方法が少し違います．

a. POSIX 標準オペレーティングシステムの場合（Linux や macOS）　　ターミナルを開いて，次の命令を打ち込みます．

```
cd ~/Desktop/JuliaBook/
```

b. Windows OS の場合　　"コマンドプロンプト"を開いてから，次の命令を打ち込みます．

```
cd C:¥Users¥tanmaybakshi¥Desktop¥JuliaBook
```

　コードを保存したディレクトリに移動できましたか．では，次の命令（コマンド）を打ち込んで，上のプログラムを実行してみましょう．

```
julia helloworld.jl
```

　そうすると，最初のプログラム helloworld.jl は，次のような出力を画面に表示するはずです．

```
Hello, World!
```

　これで Julia を使って初めてコードを作成し実行できました．実は，Julia との対話にはもう一つの強力な方法があります．**REPL**（ree-ple，リープル）とよばれる方法です．REPL は "read（読み込む）evaluate（評価する＝値を計算する）print（表示する）loop（繰返す）"の頭文字を表しています．これは Julia の対話的なインターフェースのようなものです．"julia>"というプロンプト（prompt，利用者の外部入力を促すための文字列）に対してコードを打ち込み，[Enter] キーを押すと結果が表示されます．REPL は，コードのプロトタイピング，開発，テストに非常に役立ちます．REPL を実行するには，ターミナルウィンドウで，次のコマンドを実行するだけです．

　ターミナルから，

```
julia
```

と打ち込んだ後，[Enter] キーを押すと，次のようなプロンプトが表示されます．

```
julia>
```

ここで，先ほど学んだ "println("Hello,World!")" という命令を打ち込みます．プロンプトと合わせて表すと，次のようになります．

```
julia> println("Hello, World!")
```

続いて [Enter] キーを押します．次の行が表示されます．

```
Hello, World!
```

そして，元のプロンプトに戻ります．

```
julia>
```

このように REPL と対話を続けます．終わったら ctrl-d を押して（[Control] キーと [d] キーを一緒に押して）終了してください．

これで，本格的なプログラミングを始める準備が整いました．

コラム 半角文字と全角文字

プログラムやテキストを入力する場合は，文字の種類を使い分けましょう．

文字には大きく分けて，半角文字と全角文字の 2 種類があります．この区別は，1980 年代以前に普及していたワードプロセッサーに由来し，全角とは正方形で印字できる文字，半角とは幅が高さの半分で印字される文字です．

半角文字は，かなキーなどを用いず，キーボードから直接打ち込むことができる文字です．全角文字は，かなキーや日本語入力システム（たとえば，Windows の Microsoft IME，macOS の日本語 IM）の助けを借りないと打ち込むことができない文字です．

アルファベットや数字，空白やカンマ（,）などの記号には，半角と全角の両方の文字があります．Julia の数値や予約語，および，区切り記号は，半角文字で表すことになっています．慣れないうちは，すべて半角文字で書くことをお勧めします．この本では，第 3 章から漢字を含んだ文字列を扱います．

練 習 問 題

1・1　Julia を使ってプログラミングを学ぶメリットは何ですか.

1・2　2 進法とは何ですか. コンピューターが命令や値の内部表現に 2 進法を使う理由は何ですか.

1・3　コンピュータープログラミングとは何ですか. どのように役に立ちますか.

1・4　1, 2, 4, 8, 16 の 2 進数をそれぞれ示してください.

1・5　二言語問題とは何ですか. Julia はどのようにこれを解決しますか.

1・6　誰もが Julia を習い始めたくなる, Julia の特徴を三つあげてください.

2　変数と外部入力

　Julia でのプログラミングとその重要性を理解していただいたところで，より興味深い概念に入っていきましょう．この章では変数を説明します．

　この章では次の内容を学びます．

▶ 変数とは何か
▶ 単純な変数に情報を格納する
▶ 利用者からの外部入力を受取り，格納し，利用する
▶ 演算子と構文
▶ 変数の型
▶ 変数の型の変換

2・1　変数とは何か

　変数（variable）とは，その英語の意味が示すように，変化できる値です．プログラミングでは，変数を"変化する可能性がある値の表現"と定義します．数学の授業で注意を払っていた人なら，この言葉に気づくでしょう．変数はデータの**格納**（storing），**参照**，**操作**に役立ちます．

　たとえば，底辺が 5 cm，高さが 3 cm の長方形があるとします（図 2・1）．

図 2・1　異なる寸法の三つの長方形における底辺と高さ

　図2・1の長方形では, 底辺 *b* は 5 → 6 → 3 と変化し, 高さ *h* は 3 → 2 → 4 と変化しています. ここで, *b* と *h* は, 変数の名前 (**変数名**, variable name) です. 図中の 3 例では, 変数 "底辺" は, 5, 6, 3 という値, 変数 *h* は, 3, 2, 4 という値をそれぞれ格納します. Julia では変数名は 2 文字以上でも構いません. たとえば, 長方形の高さを height で, 長方形の底辺を base で表しても構いません.

　長方形の面積は "底辺×高さ" で求められます. 長方形の面積を変数 *a* で表すことにすると, 次のように変数で表された式が得られます.

```
a = b * h
```

　＊ Julia では, アスタリスク記号 "＊" で乗算を意味します.

　右辺では, 変数 *h* に格納された値 5 と, 変数 *b* に格納された値 3 を参照し (読み出し), 5 と 3 を乗じます. その結果を変数 *a* に格納します. 変数に値を格納することを**代入する** (assign) ともいいます.

　このようにして, 生のデータをさまざまな方法で操作できます. しかし, 数値だけではありません. 変数は, テキスト, 真または偽の値, 整数, 小数など, あらゆる型のデータを参照できます.

2・2　変数に情報を格納する

　変数を使い始める前に, Julia の変数の命名規則を知っておく必要があります. おもな三つの規則を説明します.

1. 変数名は A から Z まで, または, a から z までの文字で始めます (表2・1).

表2・1　変数名の規則1

変数名	使用例
h	h = 5
base	base = 10
MarksInTest1	MarksInTest1 = 94
BestFriend	BestFriend = "Sam"

2. Julia の変数名はアンダースコア (underscore) "_" で始めることもできます (表2・2).
3. Julia の変数名は特殊な数学記号で構成されることもあります (表2・3).

表 2・2　変数名の規則 2

変数名	使用例
_myName	_myName = "Tanmay Bakshi"
_next1	_next1 = 2300

表 2・3　変数名の規則 3

変数名	使用例
μ	μ = 1e-6
π	π = 3.1415
Å	Å_value = 1e-10

　＊　Julia の対話環境（REPL）で "μ" "π" "Å" の文字を入力する方法は，第 3 章の
　　　コラム "特殊な数学記号の挿入と Unicode"（p.51）で説明します．

　ただし，変数名に空白文字（スペース）を入れたり，特殊文字 +-%$#@^&~`|,
を入れたりはできません．また，Julia には，else，while，break などの特
別な意味をもつ単語〔**予約語**（reserved word）〕があります．予約語を変数名
として使用できません．もし使うと，プログラマーが本来の目的のために予約語
を使用したとみなし，Julia コンパイラがエラーメッセージを表示します．予約
語〔別名：**キーワード**（keyword）〕については，後ほど詳しく説明します．
　誤った変数名の例と，なぜ有効ではないのかをお見せすれば，命名規則がより
理解できるでしょう（表 2・4）．

表 2・4　正しくない変数名

正しくない変数名	その理由	修正例
Area Of Square	変数名に空白文字を含めることはできません．	AreaOfSquare
Friend'sName	アポストロフィ（'）は特殊文字なので，変数名には使えません	FriendsName NameOfFriend
break	break は Julia の予約語です．	breakTime
Final-Value	マイナス（-）は特殊文字のため，変数名には使用できません．	FinalValue Final_Value

　Julia での変数の使い方を知るために簡単な例を書いてみましょう．二つの整
数を加えて，その結果を画面に表示する小さなプログラムをつくります．
　mathoperations.jl という新しいファイルを開き，次のコードを打ち込みます．

リスト 2・1　mathoperations.jl

```
1  number1 = 15
2  number2 = 3
3  number3 = number1 + number2
4  println(number3)
```

　＊　上記のプログラムリストの枠外にある 1，2，3，4 は行番号です．プログラムの説明の
　　　ため付けました．プログラムを打ち込むときに行番号を含める必要はありません．

　カレント・ディレクトリ（§1・5 参照）を，上のファイルを保存したディレクトリに移動します．次のコマンドを実行して，出力を確認しましょう．

```
julia mathoperations.jl
```

　"それだけ"とあなたが考えているのがわかります．そうです．新しいプログラムを実行するには，それだけで十分です．二つの数字を加算した結果が表示されます．これから，行ごとに何をしているのか説明します．

```
1   number1 = 15
```

　1 行目は，number1 という変数を作成し，15 という値を格納します（代入します）．このあと変数 number1 を使用すると，15 という値を参照することになります．number1 はコンピューターのメモリ内で 15 という数値として働きます．

```
2   number2 = 3
```

　2 行目は，number2 という新しい変数を作成し，3 という値を代入します．このあと変数 number2 を使用すると，3 という値を参照することになります．number2 は 3 という数値として働きます．

```
3   number3 = number1 + number2
```

　3 行目は，まず新しい変数 number3 をつくります．変数 number1 に格納された値と number2 に格納された値との和を number3 に代入します．number1 と number2 には 15 と 3 がそれぞれ格納されているので，それらの和の 18 が number3 の値となります．
　mathoperations.jl（リスト 2・1）に，次のように数行の計算式を追加して，計算結果を観察しましょう．

リスト 2・2 mathoperations.jl リスト 2・1 の末尾に追加（5 行目から）

```
5   quotient = number1 / number2
6   product = number1 * number2
7   difference = number1 - number2
8   println(quotient)
9   println(product)
10  println(difference)
```

上のコードを正しく打ち込んで，再度プログラムを実行すると，次の値が得られます．

```
18
5.0
45
12
```

しかし，演算のたびに新しい変数をつくりたくないとしたらどうでしょうか．問題はありません．次のように number2-number1 を直接 println 関数に渡せばよいのです．

```
println(number2 - number1)
```

最終的なコードは次のようになります．

リスト 2・3　mathoperations.jl　最終版

```
1  number1 = 15
2  number2 = 3
3  println(number1 + number2)
4  println(number1 / number2)
5  println(number1 * number2)
6  println(number1 - number2)
7  println(number2 - number1)
```

このプログラムを実行すると，次のような出力が表示されるはずです．

```
18
5
45
12
-12
```

これで Julia を使った簡単な変数操作を学ぶことができましたね．では，ここまで学んだことでできることをいくつか紹介します．

2・3 利用者が入力した文字列の取得, 格納, 使用

プログラミングの重要な要素は, もちろん利用者から外部入力を受取ることです. 入力を受取る能力のないコンピューターを想像できますか. 私たちは気づいていないかもしれませんが, コンピューターはいつでも外部入力を受取っているのです. たとえば, 次のような場面です.

- 携帯電話のタッチスクリーンを触って操作する.
- エディタにテキストを打ち込む.
- マウスを動かしたり, トラックパッド上で指を動かしたりする.
- タッチバーをタップする.
- PC に接続されたマイクに向かって話す.

ここでは, Julia を使ってプログラムに外部入力を受取る方法の例を見てみましょう. あいさつ (greeting) アプリケーションをつくります. このプログラムを実行すると, 次のように自分の名前を入力するように求められます. 利用者が自分の名前を入力すると, プログラムは "あいさつ" を表示します.

```
Enter your name: Tanmay Bakshi
Hello, Tanmay Bakshi!
```

上の2行で, 網掛けされた文字が利用者が入力した文字です.

では, 始めましょう. greetings.jl という新しいファイルを作成し, 次の行のコードを打ち込みます.

リスト 2・4 greetings.jl

```
1  print("Enter your name: ")
```

この時点でコードを実行すると, "Enter your name: " というプロンプトが表示されます.

上のコードでは, 文字列を表示するのに print 関数を用いました. その理由を説明しましょう. これまで使ってきた println 関数は, 文字列の最後に改行を加えるのに対して, print 関数は改行しません.

たとえば, println 関数を用いて次のように書くと,

リスト 2・5 println_println.jl

```
1  println("Hello ")
2  println("World")
```

次のように 2 行のテキストが出力されます.

```
Hello
World
```

しかし，次のように print 関数を使うと，

リスト 2・6 print_println.jl

```
1  print("Hello ")
2  println("World")
```

次のように改行されず，1 行のテキストが表示されます.

```
Hello World
```

　リスト 2・4 では，"Enter your name: " というプロンプトが表示された同じ行に，利用者がテキストを入力できるように，println 関数ではなく print 関数を用いました.

　つぎに，リスト 2・4 に続けて，次のようなコードを打ち込みます. テキストを利用者に入力させましょう.

リスト 2・7 greetings.jl　リスト 2・4 の末尾に追加（2 行目から）

```
2  readline()
```

　readline() は関数呼び出しです. 関数は，基本的にコードの "構成要素" です. 外部入力を受取ったり，何かを操作したり，出力したりします. readline という関数名の右にある開閉かっこ () は，readline 関数を呼び出すこと，すなわち，実行することを Julia に伝えます. 関数の仕組みと独自の関数を作成する方法は第 5 章で詳しく学びます.

　ここまでのコード（リスト 2・7）を実行すると，一つ前のコード（リスト 2・4）と同じように "Enter your name: " という文字列が表示されます. 最後のコロン（:）の右側でカーソルが点滅し，テキストが入力されるのを待っています. リスト 2・4 とは異なり，readline 関数が利用者の入力を待つので，アプリケーションは終了しません.

　では，名前を入力して [Enter] キーを押しましょう. アプリケーションは何もせずに終了しました. なぜなら，このプログラムは，利用者の入力を受取ることだけをコンピューターに指示していたからです. その入力を使って何かをする

ように指示したわけではないからです.

　では，利用者が入力したテキストを受取りましょう．リスト2・7の2行目

```
2   readline()
```

を次のように修正します．

リスト2・8　greetings.jl　リスト2・7の2行目を修正

```
2   user_name = readline()
```

　さらに，次の2行で利用者の名前を表示する命令を追加します．

リスト2・9　greetings.jl　リスト2・8の末尾に追加（3行目から）

```
3   print("Hello, ")
4   println(user_name)
```

　ここまでのプログラム（リスト2・9まで）を実行すると，名前を入力するプロンプトが表示されます．利用者が名前を入力して［Enter］キーを押すと，プログラムは "Hello, " に続けて名前を表示します．

　Julia を使った初めての実際のプログラムです．あなたが利用者としてコンピューターと対話するのを体験するのはワクワクするでしょう．しかし，もっとよい書き方があるはずです．具体的には，リスト2・9の最後の2行で異なる二つの関数を呼び出していますが，1回の関数呼び出しにしたいです．その場合，(1) "Hello, " という文字列と利用者の名をつなぎ合わせて，(2) そのつなぎ合わせた文字列を println 関数に渡す必要があります．

　二つの文字列をつなぎ合わせること（すなわち，文字列を順番に配置すること）を**連結する**（concatenate）といいます．二つのテキスト値を連結するには，**連結演算子**（concatenation operator）を使用します．

2・4　演算子と構文

　連結演算子の働きを理解するために，本章の冒頭の例を見てみましょう．

リスト2・10　mathoperations.jl　リスト2・1を再掲

```
1   number1 = 15
2   number2 = 3
3   number3 = number1 + number2
4   println(number3)
```

　変数 number3 はどのように計算されるのでしょうか. 変数 number1 は数を
保持していますし, 変数 number2 も数を保持しています. 二つの数を加えるに
はプラス記号 (+), すなわち, 加算演算子を使っています.

　では, 3 行目の次の部分をもう少し深く見てみましょう.

```
number1 + number2
```

　プラス (+) 記号には, 二つの数値を加える以外には何の機能もないと仮定し
ましょう. 上のコードは次の加算演算の式と解釈されます.

$$[数値（左辺）] + [数値（右辺）] = [数値（和）]$$

　では, この新しい知識をもともと目指していた "二つの文字列を連結する" と
いう作業に応用してみましょう.

　プラス記号 (+) が数字を加算するのに使われるのと同じように, アスタリス
ク記号 (*) は二つのテキストを連結するときに使われます. すなわち, アスタ
リスク記号には, 次の二つの使い方があるということを学んだことになります.

- 数の乗算演算子
- テキストの連結演算子

　つまり, 次のようなコードを書くことができます.

リスト 2・11　asterisks.jl

```
1  println(15 * 2)
2  println("Hello " * "world!")
```

　上のコードを実行すると, 次のような出力が得られます.

```
30
Hello world!
```

　リスト 2・11 の 2 行目の次の部分に着目しましょう.

```
"Hello " * "world!"
```

　アスタリスク記号 (*) の左右に実際のテキスト値を渡しているのがわかりま
す. いま学んだように, アスタリスクの両側にはテキストの値を与えるものなら
何でも渡すことができます.

　では, あいさつアプリケーション (リスト 2・9) に戻って, 最後の 2 行の

コードを 1 行に置き換えましょう．二つのテキストを連結して，1 行のコードに書き換えました．

リスト 2・12　greetings_2.jl　リスト 2・9 の 3, 4 行目を 1 行に修正

```
3   println("Hello, " * user_name)
```

プログラム全体は次の 3 行になります．

リスト 2・13　greetings_2.jl　全体

```
1   print("Enter your name: ")
2   user_name = readline()
3   println("Hello, " * user_name)
```

連結演算子を使う代わりに次のような書き方もあります．

リスト 2・14　greetings_3.jl　リスト 2・9 の 3, 4 行目を 1 行に修正

```
3   println("Hello, $(user_name)")
```

上のコードでは，文字列の中で，ドル記号 $ に続けて半角かっこ () が置かれています．$() の部分は，() に囲まれた式の値を計算してテキストとして置換するように Julia に伝えるものです．

全体は次のような 3 行のプログラムになります．

リスト 2・15　greetings_3.jl　全体

```
1   print("Enter your name: ")
2   user_name = readline()
3   println("Hello, $(user_name)")
```

$() のかっこの中味は式ですから，変数名だけでなく計算式を書けます．計算された式の値はテキストに置き換えられます．

したがって，次のように書くこともできます．

```
println("15 times 6 is $(15 * 6)" )
```

実行すると，次のように表示されます．

```
15 times 6 is 90
```

いくつかの方法で，テキストを連結して表示できることを学びましたね．

2・5　変数の型

　これまで見てきたように，いろいろな型（type）の情報を変数に保存できます．しかし，Julia が変数の値を格納するためには，その変数がどのような情報を表すのか，すなわち格納しているのかを知る必要があります．

　たとえば，次のようなコードを書きましょう．

```
1  number1 = 15
2  println(number1)
```

　number1 は数を含みます．これは Julia にとって重要な情報です．すなわち，"number1 は変数で，15 という値を含みます"と Julia に伝えたことになります．

　あなたは気づいていないかもしれませんが，Julia 以外の言語では，"number1 は数値型の値を含む変数で，その値は 15 です"というように少し余分な情報が必要になる場合があります．

　幸いなことに，Julia は型を推論できるので，明示的に型に言及する必要はありません．この機能をプログラミングでは型推論（type inference）とよびます．Julia には型推論があるので，次のようなコードを書くことができます．

リスト 2・16 fifteen.jl

```
1  number1 = 15
2  println(number1 * 5)
3  number1 = "Fifteen"
4  println("$(number1) is the number")
```

　無事にコンパイルできました．このプログラムを実行すると，次のような出力が表示されます．

```
75
Fifteen is the number
```

　Swift や Java などの他の言語では，対応する部分のコードは動作せずエラーが発生します．

　その理由を説明しましょう．次の文を例にします．

```
1  number1 = 15
```

　Julia 以外の言語では型を推論し，型を強制することになります．この文の後に次の文を挿入してみましょう．

```
2   number1 = 50
```

この場合は，変数 number1 に新しい数を代入しているので問題ないでしょう．しかし，最初の行の後に次の文を追加してみます．

```
2   number1 = "Hello"
```

Julia を除く多くの言語ではこれはエラーとして表示されます．数値の型と推測されていた変数の中に文字列（テキスト）を入れようとしたからです．

しかし，Julia ではエラーは発生しません．むしろ，上に示したように新しい型で新しい値をもつ変数が作成されます．このような動的型付けされたコードは通常素晴らしいもので，Julia コンパイラはこれらのプログラムを大幅に最適化します．しかし，プログラマーによっては，もう少し厳密にして，型の検査を強制したいと考えるでしょう．これには二つの理由があります．まず，実行性能の向上に役立つことがあります．また，コードを "より安全" にしてくれるので，誤って間違った型を使用することもありません．そのようにするためには，どの型の変数を作成するかを宣言する必要があります．

さらに続ける前に，Julia でよく使われる変数の型を見てみましょう（表2・5）．

表2・5 変 数 の 型

Julia の データ型	呼び名	説　明	例
String	文字列型	二重引用符で囲まれたテキストです．すでに使用しています．たとえば println("Hello") という命令の "Hello " は String 型です．また，"fifteen " も使いましたね．これも String 型です．	"Hello" "Welcome" "452 + 4" "four"
Char	文字型	一重引用符で囲まれた1文字のテキストです．	'a'　'b' '1'　'^'
Int64	整数型	整数を表します．これまでにも，この型を使ったことがあります．number1 = 15 という文では，Int64 型の値を変数に代入します．（この後の文章では，「整数」または単に "数字" とよぶことがあります）．	4 1000987 -32 -10000 0
Float64	浮動小数点数型	浮動小数点数（floating point number）を表します．このデータ型はこれから現れます．	4.5 3.14159 -120.4432
Bool	論理型	true（真）または false（偽）のどちらか一方の値をとる単純なデータ型です．	true false

変数の型として 4 種類だけを説明しました．Julia はもっと多くの型を提供していますし，数の精度と寸法についてもまだ説明していません．また，直感的ではありませんが，変数に対する演算はまだたくさんあります．

たとえば，文字型（Char 型）はテキストではなく数字として表現されます．

文字 'a' をそのまま出力するには次のように書きます．

```
println('a')
```

文字 a が出力されます．

```
a
```

文字は内部的には整数値で表現されているので，文字に整数を加算できます．

```
println('a' + 1)
```

文字 a の次の文字 b が出力されます．

```
b
```

これはただただ素晴らしい．

おわかりのように，Julia には多くの機能が備わっています．そしてこの本は，Julia という深海の世界を理解するためのお手伝いをします．

では，変数 number1 の型が整数にしかならないことを Julia に伝えたいとしたら，どうすればよいでしょうか．次のコードは構文としては有効です．

リスト2・17 fifteen_2.jl リスト 2・16 の 1 行目を修正

```
1  number1::Int64 = 52
```

しかし，このコードを実行すると，次のエラーが発生します．

```
ERROR: LoadError: syntax: type declarations on global
variables are not yet supported
```

エラーが発生するのは，**可視範囲**（scope，スコープともいいます）とよばれるものが理由です．第 5 章で詳しく説明します．先取りして説明すると，関数やコードブロックの外側（全域の可視範囲といいます）で定義された変数（全域変数といいます）の型を強制することは，現在の Julia にはできないことになっ

ています．今のところは，Julia に変数の型を推測させましょう．

　変数に格納できる一般的なデータ型と，利用者の外部入力を得る方法がわかったので，もう少し面白いアプリケーションをつくってみましょう．このアプリケーションは，利用者から二つの数字を受取り，それらを乗じて，画面に表示します．

　multiplier.jl という新しいファイルを開き，次の 4 行のコードを打ち込みます．

リスト 2・18　multiplier.jl

```
1  print("Enter your first number: ")
2  number1 = readline()
3  print("Enter your second number: ")
4  number2 = readline()
```

　ここまでのコードの目的は，利用者から二つの数字を取得し，それぞれ変数 number1 と number2 に代入することです．

　では，これらの数字を乗じて表示してみましょう．

リスト 2・19　multiplier.jl　リスト 2・18 の末尾に追加（5 行目から）

```
5  println("$(number1) * $(number2) = $(number1 * number2)")
```

　最初は少しわかりにくいかもしれませんが，分解してみましょう．最初に，下の網掛け部分（▨）は，Julia によって評価された値に置き換えられます．

```
println("$(number1) * $(number2) = $(number1 * number2)")
```

　利用者が 5 と 7 を入力したとします．

- $(number1) が評価されて 5 となります．
- $(number2) が評価されて 7 となります．

　網掛けがされていないものは，文字列（テキスト）の一部です．そのまま画面に表示されます．

　以上です．それでは早速，アプリケーションを実行しましょう．

```
Enter your first number: 5
Enter your second number: 7
5 * 7 = 57
```

期待した出力ではありませんね．二つの数 5 と 7 を乗算しないで，5 と 7 を文字列として連結しただけです．これを解決しましょう．

2・6　変数の型の変換

アスタリスク演算子（*）には二つの用途があることを覚えていますね．

1. 文字列の連結
2. 数の乗算

最後に実行したプログラム（リスト 2・19）の最後の行の number1 * number2 の部分は，演算子 * は二つの入力を乗算しないで文字列として連結しました．なぜでしょうか．別の言い方をすると，演算子は何をすべきか，どうやって決めるのでしょうか．演算子の左右にある変数の型に基づいて何をすべきかを決めるのです．どちらも文字列なら連結します．どちらも数なら乗算します．

上のプログラムの場合，readline() が戻す値が文字列でしたから，文字列を連結するように決定したと推測できます．数として乗算するには文字列を整数に変換する必要があります．

そこで，multiplier.jl（リスト 2・18）の最初の 4 行を修正します．

リスト 2・20　multiplier.jl　リスト 2・18 を再掲

```
1  print("Enter your first number: ")
2  number1 = readline()
3  print("Enter your second number: ")
4  number2 = readline()
```

修正したコードは，次のようになります．

リスト 2・21　multiplier_2.jl　リスト 2・20 の 2 行目と 4 行目を修正

```
1  print("Enter your first number: ")
2  number1 = parse(Int64, readline())
3  print("Enter your second number: ")
4  number2 = parse(Int64, readline())
```

2 行目と 4 行目の変更点を理解するために，2 行目だけに注目してみましょう．

```
2   number1 = parse(Int64, readline())
```

　ここでは parse 関数を呼び出し，二つの値を渡しています．関数に渡す値を
引数（argument）または**実引数**といいます．

- Int64
- readline()

　一つ目の引数 Int64 は変換結果として欲しいデータの型で，2 番目の引数
readline() が字句解析したいものです．しかし，readline() という文字の
並びを解析したいのではありません．readline() の結果を parse 関数に渡す
ということです．すなわち，readline() 関数が実行されて，利用者が外部入
力を与えると，それが readline() 関数の出力として parse 関数に渡されま
す．parse 関数は入力された文字列を**字句解析**（parse）して，整数として返す
ということです．
　上のコードを実行しましょう．次のように表示されるはずです．

```
Enter your first number: 5
Enter your second number: 7
5 * 7 = 35
```

　これで完成です．アプリケーションは整数の乗算に成功しました．
　もし利用者が入力した文字列を，整数の代わりに小数（浮動小数点数）として
取得したい場合は，parse 関数に渡した一つ目の値を Int64 から Float64 へ
置き換えます．リスト 2・21 の最初の 4 行を，次のように修正します．

リスト 2・22　multiplier_3.jl　　リスト 2・21 の 2 行目と 4 行目を修正

```
1   print("Enter your first number: ")
2   number1 = parse(Float64, readline())
3   print("Enter your second number: ")
4   number2 = parse(Float64, readline())
```

　次のようにアプリケーションとのやりとりができるようになりました．

```
Enter your first number: 3.14
Enter your second number: 5.2
3.14 * 5.2 = 16.328
```

　ある型の値を別の型の値に変換する方法の一つは parse 関数ですが，convert 関数を使う方法もあります．それらの違いを説明します．

1. parse 関数　　parse 関数は型の名前を引数としてとり，文字列を根本的に無関係な型に"字句解析（parse）"します．たとえば，文字列と浮動小数点数は，運用面では基本的に何の共通点もありません．しかし，浮動小数点数は文字列の中でテキストとして表現できます．たとえば，readline 関数で利用者からの外部入力として浮動小数点数 3.14 を受取るとき，実際には受取るのは"3.14"というテキストです．そこで，parse 関数を使えば，テキストの浮動小数点数を受取って，浮動小数点数に変換できます．

　次のコードは，すでにお馴染みですね．

```
user_input = parse(Int64, readline())
```

2. convert 関数　　convert 関数は，型の名前を引数としてとり，二つ目の引数を関連する型に"変換（convert）"します．これまで述べたようにコンピューター内部では，たとえば，文字は整数として数値化され格納されます．これは文字と整数に関係があることを意味します．整数や浮動小数点数も同様で，どちらも数値を保存します．つまり，整数から文字に変換したり，浮動小数点数から整数に変換したりする場合は，parse 関数ではなく convert 関数を使います．

　実際の例を見てみましょう．次のコードを打ち込んでください．

リスト2・23　char_convert.jl

```
1  char_a = 'a'
2  char_a_index = convert(Int64, char_a)
3  println("Looking at character $(char_a)")
4  println("Next character is: $(char_a + 1)")
5  println("Character is at index $(char_a_index)")
6  println("Next character is: $(convert(Char, char_a_index +
          1))")
```

　一行ずつ説明していきましょう．
- 1 行目では，小文字の"a"の文字を含む変数 char_a を定義します．
- 2 行目は，この文字を Int64 型に"変換"し，この文字の整数表現を得ます．
- 3 行目は，変数 char_a を出力します．

- 4 行目は，char_a に 1 を加えた結果を出力します．
- 5 行目は，文字を整数で表現したものを出力します．
- 6 行目は，文字の整数表現に 1 を加えて Char 型に変換します．そして，結果の値が出力されます．

このコードを実行すると，このような出力が表示されるはずです．

```
Looking at character a
Next character is: b
Character is at index 97
Next character is: b
```

　以上のように，この第 2 章では，変数の作成方法，使用方法，正しい型への変換方法を学びました．また，利用者からの外部入力を求め，型を変換して，それを変数に代入し，その情報を利用者に表示するという，利用者との対話方法を学ぶことができました．この章だけで，すでにプログラミングがどのようなものかを感じ取っていただけたのではないでしょうか．プログラマーとしてコンピューターを使う準備ができましたね．

　次章では，ここまでの知識を次の段階に引き上げ，コンピューターを使って自分のために意思決定をする方法を学びましょう．

練 習 問 題

2・1　利用者から数を受取り，その数の平方根を求めるプログラムを作成してください．平方根の計算には "√" 演算子を用います．x の平方根は "√x" で計算できます．

2・2　利用者から実数と整数を受取り，実数の整数べき乗を計算するプログラムを作成してください．べき乗の計算には "^" 演算子を用います．x の平方根は "x^y" で計算できます．

2・3　利用者から二つの数値を受取り，1 行目にはそれらを連結して表示し，次の行にはそれらを乗じた値を表示する小さなプログラムを作成してください．

2・4　小文字の "d" を表示した後，大文字 "D" とその整数表現を計算して表示する小さなプログラムを作成してください．ヒント：小文字の整数表現は 97 から始まり，大文字は 65 から始まります．プログラムの出力は次のようなものになるでしょう．

```
Lowercase letter: d
Uppercase letter: D
```

コラム プログラム行を分割する方法

プログラムの各行が長くなってきたので，行を途中で分割する方法を説明しましょう．

プログラム文が次の行に続くことを表す特定の記号はありません．式や関数が完結しない場合に，次の行に続くと Julia が判断します．

たとえば，リスト 2・1 の 3 行目は，次のように演算子 "=" の後で分割できます．"=" の右辺が足りないからです．

```
number3 =
    number1 + number2
```

同じ行は演算子 "+" の後でも分割できます．"+" の右に値が足りないからです．

```
number3 = number1 +
    number2
```

しかし，上のコードを "number3 = number1" で止めると，次の行に続くとはみなされません．1 行目で代入文として完結するからです．

```
number3 = number1
    + number2
```

関数呼び出しのかっこ ( ) が完結しない場合も，次の行に続くとみなします．たとえば，リスト 2・4 は次のようにも書けます．"(" の後に ")" が見つからないからです．

```
print(
    "Enter your name: ")
```

また，リスト 2・21 の 2 行目は，次のように 3 行に分割できます．2 行目の "," の後に，式が来ることを期待するからです．

```
number1 = parse(
    Int64,
    readline())
```

ここまでのコードでは，継続行（continuation line）を半角空白文字で字下げ（indentation）しました．字下げは，構文として必須ではありませんが，みやすさのために入れておくことを強くおすすめます．

変数や関数の名前，予約語（キーワード），複数文字で構成される演算子は，途中で改行できません．たとえば，リスト 3・18 の付近で説明される更新演算子 "+=" を，"+" と "=" の間で改行するとエラーとなります．"+" の次に式が現れると期待したのに "=" 記号が現れたからです．

二重引用符（""）で囲まれた文字列も途中で改行できません．文字列を複数行に分割するには，この章で説明された文字列の連結演算子 "*" を使うとよいでしょう．

たとえば，リスト 2・4 の文字列は，次のように分割できます．

```
print(
    "Enter " *
    "your name: ")
```

この後に示すプログラムリストでは，印刷の都合のため，行を分割することがあります．

条件分岐と繰返し

最初の二つの章をご覧になって，Julia を使って実際にアプリケーションをつくってみたいと思われたのではないでしょうか．アプリケーションは，利用者の反応に基づいて動作し，時には利用者がどのように動作させたいかに基づいて動作します．そのためには，コンピューターにどのような判断をさせるのか，どのようにデータを反復処理するのかといった，プログラミングの基本的なことを学ぶ必要があります．

この章では次の内容を学びます．

▶ 条件とは何か
▶ 条件演算子
▶ if/elseif/else 文を使った条件分岐
▶ 繰返しとは何か
▶ for ループを使った反復処理
▶ while ループを使った反復処理

3・1 条件とは何か

プログラミングの世界では，**条件**（condition）という言葉は "状況や結果" を意味します．条件式は true（真，成り立つ）または false（偽，成り立たない）か，どちらかの値となります．if 文と一緒に使うと，プログラムの流れを一方か他方かに分けることができます．

条件分岐は，コンピューターが動作するための最も基本的で重要な演算の一つです．コンピューターで行うほとんどすべてのことに，何らかの条件が関連しています．たとえば，次のようなことです．

• Chrome（ブラウザの一種）で新しいタブを開く際には，すでにタブがたくさ

ん開いていないかどうかを調べる必要があります.

- オンラインサービスに登録する際には, 生年月日を元に年齢を確認する入力フォームが必要になります.
- キーボード付きのテキストエディタで文字を入力する際, [Caps Lock（キャップス・ロック）] キーがオンであるか, [Shift（シフト）] キーが押されたかを確認する必要があります.
- Siri に "今日はレインコートを着る必要がありますか" と聞くと, 天気が雨になるかどうかを確認する必要があります.

これはほんの一例で, 皆さんが日常的に利用するアプリケーションには, 数え切れないほど多くの条件が使われています.

ここでは, これらの条件を Julia 言語で実現する方法をご紹介します.

3・2 条件演算子とは

利用者の年齢が, ある年齢以上か, そうでないかに応じて, その利用者を参加させるか否かを表示するアプリケーションをつくりましょう.

新しいファイル old_enough.jl を開いて, 次のコードを打ち込んでください.

リスト 3・1 old_enough.jl

```
1  minimum_age = 18
2  print("あなたの年齢は: ")
3  user_age = parse(Int64, readline())
```

上のコードが次の三つを行うことは, 第2章で学びました.

1. 変数 minimum_age を定義します. 値を 18 とします.
2. 利用者の年齢を入力させるためのプロンプトを表示します.
3. 利用者からの入力を読み込み, 文字列から整数値に変換して, 変数 user_age に保存します.

変数 user_age の値を受取ったら, その値が, 利用者が参加するのに十分な年齢であるかどうかを判断する必要があります. これは, **条件演算子** (conditional operators) で実現できます.

条件の話を続ける前に, ここから使う簡単な用語を少し知っておく必要があり

ます. **演算子**（operator）とは何か例をあげてみましょう.

```
user_age > minimum_age
```

上の文は, "user_age が minimum_age よりも大きいか否か"という式とし
て読みます. ここで, "> (より大きい記号)"は, 左右に置かれた user_age と
minimum_age に適用される演算子です. 演算子を適用される値, ここでは,
user_age と minimum_age を**オペランド**（operand）とよびます.

　上の条件式の値は, true（真）または false（偽）の, どちらか一方の値と
なります. その値は, その左右の変数に格納された値に依存します. Julia を学
ぶ過程で作成するアプリケーションでは, たくさんの演算子を学び, 使用するこ
とになるでしょう.

　すでに学んだように, "+ (プラス記号)"は二つの数字を受取り, その合計を
返します. "* (アスタリスク記号)"は二つの数字を受取り, その積を返します.
一方, 条件演算子は, 一つまたは二つの値を取り, 論理値（true または false）
を返します.

　Julia にはたくさんの条件演算子があります. その一部を表 3・1 でご紹介し
ます.

表 3・1　条件演算子の例

演算子	意　味	説　明
>	より大きい	二つの値（オペランド）をとります. 左の数値が右の数値より大きいかどうかを調べます.
<	より小さい	二つの値をとります. 左の数値が右の数値より小さいかどうかを調べます.
==	等しい[†]	同じ型の二つの値をとります. 両方が同じ値を表すかどうかを調べます.
!=	等しくない	二つの値をとります. 両方が同じ値を表していないかどうかを調べます.
<=	以下	二つの値をとります. 左の数値が右の数値より小さいか, または, 等しいかを調べます.
>=	以上	二つの値をとります. 左の数値が右の数値より大きいか, または, 等しいかを調べます.
!	論理否定（反転）	この演算子は少し異なります. 一つの論理値だけをとります. 渡された値を論理否定（反転）した値を返します. すなわち, false を渡した場合は true を返し, true を渡した場合は false を返します.

[†]　== 演算子は = 演算子とは異なります. = 演算子が変数に値を代入するのに対し, == 演算子は二
つの変数を比較し, 結果として true または false を返します.

では，利用者の年齢が最低年齢（minimum_age）以上かどうかを確認しましょう．確認した結果を表示するために次のコードを追加してみましょう．

リスト3・2 old_enough.jl　リスト3・1の末尾に追加（4行目から）

```
4  println(user_age >= minimum_age)
```

たった4行のアプリケーションです．これを実行すると，年齢の入力を求めるプロンプトが表示されます．minimum_age より小さい値を入力した場合は false，そうでない場合（minimum_age 以上の値を入力した場合）は true と表示されます．

これだけではあまり面白くありませんし，何もしません．次の段階に移りましょう．条件演算子が真を返した場合に何かのコードを実行し，真を返さなかった場合に別のコードを実行したい場合はどうでしょうか．ここで if 文の出番です．

3・3　if/elseif/else 文を使った条件分岐

if 文を使うと，条件が真か偽かに基づいてコードの流れを制御できます．一例を見てみましょう．まず，old_enough.jl ファイルの最後の行を削除します．次のコードを打ち込みます．

リスト3・3 old_enough_2.jl　リスト3・2の4行目を修正と5，6行目追加

```
4  if user_age >= minimum_age
5      println("もう十分な年齢です．ようこそ．")
6  end
```

この三つの行を分解して，一つずつ見ていきましょう．

- 4行目は Julia に if 文を開始することを伝え，調べる条件も提供しています．
- 4行目の条件が true（真）の場合，5行目が実行されます．
- 6行目は，if 文の"コードブロック"が終了することを Julia に伝えます．if 文の次の行（5行目）から end 文の前の行までは，if 文の条件が真の場合に実行されます．if 文と end 文の間には何行のコードがあっても構いません．このコードの塊を**コードブロック**（block of code）とよびます．

アプリケーションを実行するとプロンプトが表示されます．入力された年齢が十分な年齢（18歳）以上なら，次の行の println 関数を用いてメッセージを表示します．しかし，そうでなければ何も起こりません．年齢が足りないとも，

若すぎるとも表示しないのは少し問題です．この理由はリスト 3・3 に対応する
フローチャート（図 3・1）を見れば一目瞭然です．

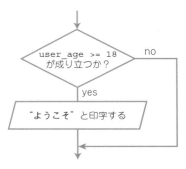

図 3・1　フローチャート 1

しかし，私たちが望むのは，図 3・2 のようなフローチャートです．

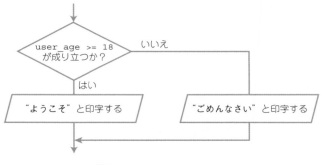

図 3・2　フローチャート 2

　しかし，リスト 3・3 は，条件が false（偽）の場合に実行するコードを if 文
に伝えていないために，何も起こらないのです．
　If 文を学んだばかりですから，次のようなコードを書き足したくなるかもしれ
ません．

```
if user_age < minimum_age
    println("十分な年齢に達していません．ごめんなさい．")
end
```

　これで問題なく動作しますが，一度確認した条件を再確認する点で最適ではあ
りません．代わりに，条件が真ではない場合に実行するコードを提供する else

句を使うことができます.

リスト3・3の4行目のif文から,次のように置き換えましょう.

リスト3・4 old_enough_3.jl リスト3・3の4行目から修正

```
4   if (user_age >= minimum_age)
5       println("もう十分な年齢です. ようこそ.")
6   else
7       println("十分な年齢に達していません. ごめんなさい.")
8   end
```

入力された年齢が十分な年齢以上なら "もう十分な年齢です. ようこそ." と,十分な年齢に達していないなら "十分な年齢に達していません. ごめんなさい." と知らせるアプリケーションが完成しました.

しかし,できることはもっとあります. たとえば,利用者が十分な年齢以上なら歓迎しますが,ちょうど十分な年齢なら警告し,未満なら入れないようにしたいとしたらどうでしょうか.

リスト3・5 old_enough_4.jl リスト3・4の4行目から修正

```
4   if user_age > minimum_age
5       println("もう十分な年齢です. ようこそ.")
6   else
7       if user_age == minimum_age
8           println("十分な年齢ですが, 気をつけましょう.")
9       else
10          println("十分な年齢に達していません. ごめんなさい.")
11      end
12  end
```

上のプログラムは正しく動作します. いろいろな年齢を入力して,動作を実際に確かめることをおすすめします. しかし,もっと効率的な方法があります. if/elseif/else 文です.

具体的な例を見てみましょう.

リスト3・6 old_enough_5.jl リスト3・5の4行目から修正

```
4   if user_age > minimum_age
5       println("もう十分な年齢です. ようこそ.")
6   elseif user_age == minimum_age
```

```
7        println("十分な年齢ですが，気をつけましょう.")
8    else
9        println("十分な年齢に達していません．ごめんなさい.")
10   end
```

　では，その仕組みを説明します.
　4 行目から，もう一度 1 行ずつ見ていきましょう.

- 4 行目は，利用者の年齢が最低年齢（minimum_age）を超えているかを調べます.
- 4 行目の条件が真の場合，5 行目のコードが実行され，"もう十分な年齢です. ようこそ."というメッセージを表示します.
- 4 行目の条件が偽の場合，6 行目で利用者の年齢が最低年齢と同じかどうかを調べます.
- 4 行目の条件が偽で，かつ，6 行目の条件が真の場合，7 行目のコードが実行され，"十分な年齢ですが，気をつけましょう."と表示されます.
- 8 行目は，7 行目からのコードブロックの終わりです.
- 4 行目と 6 行目の条件が両方とも偽の場合に，9 行目が実行されます.
- 9 行目は，"十分な年齢に達していません．ごめんなさい."というメッセージを表示します.
- 10 行目は，4 行目で始めた if 文のコードブロックが終了したことを Julia に伝えます.

　実際には，次のように複数の elseif 文をもつこともできます.

リスト 3・7　old_enough_6.jl　リスト 3・6 の 4 行目から修正

```
4    if (user_age > minimum_age + 1)
5        println("もう十分な年齢です．ようこそ.")
6    elseif (user_age == minimum_age + 1)
7        println("十分な年齢です．大丈夫でしょう.")
8    elseif (user_age == minimum_age)
9        println("十分な年齢ですが，気をつけましょう.")
10   else
11       println("十分な年齢に達していません．ごめんなさい.")
12   end
```

if 文/elseif 文のそれぞれの条件は，一つが真になるまで評価され，対応するコードブロックが実行されます．真と評価される条件がない場合は，else 文に対応するコードブロックが実行されます．

条件文と if 文がどのように機能するかを学びましたね．

3・4　練　習　1
次のアプリケーションをつくる練習をしてみましょう．

1. 利用者に整数の入力を促し，入力された数値が偶数か奇数かを利用者に通知します．偶数か奇数かの判定には，リスト 3・13 付近で説明する剰余演算子（%）を使うとよいでしょう．偶数を 2 で割ると，余りは 0 です．
2. 利用者に整数の入力を促し，入力された数値が 7 で完全に割り切れるかどうかを利用者に通知します．
3. 平行四辺形の"底辺"と"高さ"として二つの整数を入力するように促し，その面積を計算します．

3・5　反 復 と は 何 か
ここまでで説明したように，条件はプログラミングの大きな部分を占めますが，それだけでは不完全です．コンピューターが本当に有能に働くためには，一つの作業を何度も行う**反復**（iteration）の機能を備える必要があります．実際考えてみれば，これがそもそもコンピューターを使う理由なのです．

Julia での反復処理には，for ループと while ループの二つの方法があります．前者が広く使われるのに対し，後者は少し柔軟です．

3・6　for ループを使った反復処理
for ループは難しくありません．新しいファイル countupto.jl を開いて，次のコードを打ち込んでください．

リスト3・8　countupto.jl

```
1  for iteration_number in 1:5
2      println(iteration_number)
3  end
```

コードが何をするのか説明する前に,まずは実行してみましょう.次のような
出力が表示されるはずです.

```
1
2
3
4
5
```

上のコードで,Julia に次の指示を伝えました.“end キーワードまでの間に
書かれたコードを繰返し実行しなさい.1 行目で変数 iteration_number を作
成し,最初の値(初期値)を 1 としなさい.次の繰返しを行う前に,この変数
の値を 1 ずつ増やしなさい.最後に 5 に到達して,end キーワードまでのコー
ドを実行したら,ループを止めなさい.”

for ループの基本形式は,次のパターンです.

```
for <iteration_number> in <start_at>:<end_at>
    [your_code]
end
```

表 3・2 に,上のパターンで使用した用語の説明を示します(表 3・2).

表 3・2 for ループで使用される用語とその説明

用 語	説 明
iteration_number	有効な変数名.この変数をループ制御変数(loop control variable)とよびます.
start_at	任意の数値.値,変数,式のいずれか.これは,ループ制御変数が最初にとる値です.
end_at	任意の数値.値,変数,式のいずれか.

for 文では,ループ制御変数 iteration_number の値を end_at と比較しま
す.iteration_number が end_at 以下なら end キーワードまでに書かれた
コード(for ブロック)を実行します.end_at を超えたら,反復を停止し end
キーワードの次のコードから実行を再開します.

for ブロックの終わりで end キーワードに達すると,ループ制御変数の値を 1
だけ増やし,for 文に戻ります.

　リスト 3・8 の動作を理解するために，for 文の前に，次の 2 行のコードを追加します．

リスト 3・9　countupto_2.jl　リスト 3・8 の 1 行目の前に追加

```
1  print("どの整数まで数えますか: ")
2  max_number = parse(Int64, readline())
```

　for 文以下を次のコードに変更します．

リスト 3・10　countupto_2.jl　リスト 3・8 のコードを下記に変更

```
3  for iteration_number in 1:max_number
4      println(iteration_number)
5  end
```

　上のコードを実行して，数字を入力すると，1 からその数字まで数える様子を観察できます．たとえば 8 を入力すると，次のように表示されます．

```
どの整数まで数えますか: 8
1
2
3
4
5
6
7
8
```

　これで，for ループの基本を学ぶことができました．しかし，できることはまだまだあります．たとえば，毎回の増分を 1 ではなく，2 にしたいとしたらどうでしょうか．変える必要があるのは，1 行目の for 文だけです．

リスト 3・11　countupto_3.jl　リスト 3・10 の 1 行目を修正

```
1  for iteration_number in 1:2:max_number
```

　表示されたプロンプトに対して 12 と入力すると，このような出力が表示されるはずです．

```
どの整数まで数えますか： 12
1
3
5
7
9
11
```

　偶数を表示させたい場合は，2 から始めなければなりません．ということで，for 文を次のように書き換えます．

リスト 3・12　countupto_4.jl　リスト 3・11 の 1 行目を修正

```
1    for iteration_number in 2:2:max_number
```

　ここでプロンプトが表示されたら 12 と入力します．次のように表示されます．

```
どの整数まで数えますか： 12
2
4
6
8
10
12
```

　ここまでで for ループの基本がわかったので，もう少し複雑なものをつくってみましょう．

　stop_at_divisible.jl というファイルを新規作成します．このファイルでは，次の外部入力を受取るコードを書きます．

1. 被除数（除される数）の下限
2. 被除数の上限
3. 除数（除す数）

　基本的には，利用者から受取った最初の数字（被除数の下限）から，利用者から受取った 2 番目の数字（被除数の上限）までを反復するための for ループを作成します．このループの増分は 1 です．反復するたびに，現在の数値を出力し

ます．その数値が利用者から受取った 3 番目の数値（除数）で割り切れる場合
は，ループを停止して，ループを終了することを表示します．

　読者への練習問題です．このプログラムのすべてのコードを書き出しました．
各行が何をするか説明してください．

リスト 3・13　stop_at_divisible.jl

```
1   print("被除数の下限: ")
2   start_index = parse(Int64, readline())
3   print("被除数の上限: ")
4   end_index = parse(Int64, readline())
5   print("除数: ")
6   div_ref = parse(Int64, readline())
7
8   for iteration_number in start_index:end_index
9       println(iteration_number)
10      if iteration_number % div_ref == 0
11          println("除数の倍数を見つけました. ループを抜けます.")
12          break
13      end
14  end
```

　大体のコードは理解できたでしょうから，8 行目以降のコードに注目してみま
しょう．8 行目は，単純な for ループを始めます．for ブロックは，14 行目の
end キーワードで終了します．

　for ブロック内では，まず 9 行目で iteration_number を表示します．そし
て，10 行目の if 文で，iteration_number（被除数）が除数 div_ref で割り
切れるかどうかを判断します．割り切れるのを確認するに，剰余演算子を使いま
す．これはパーセント（%）記号で表されます．

　たとえば，15 を 7 で割る計算を取上げましょう．余りを求めない割り算は，
次の式で表されます．

```
15 / 7
```

　上の式を実行すると，次の値が得られます．

```
2.1428571429
```

15 を 7 で割った余りは下の式で表示されます. 除算の剰余を求めるには剰余演算子 % を使用します. 次の計算

```
println(15 % 7)
```

を実行すると, 次の値が得られます.

```
1
```

割り算を筆算で行うと, 次のような結果となります.

$$15 / 7 \quad 商 = 2 \quad 余り = 1$$

以下のように検算できます.

$$7 \times 2 + 1 = 15$$
$$(15 - 1) / 7 = 2 \, 余り \, 0$$

A が B で割り切れるとき, 剰余 (余り) は 0 になります. 条件式 "A % B == 0" を用いて, A が B で割り切れることを検査できます. これは, リスト 3・13 の 10 行目の if 文の条件式では, 変数 iteration_number が変数 div_ref で割り切れるかどうか判断します.

ループの中で割り切れる数が出現すると, 次の二つのことが起こります.

1. "除数の倍数を見つけました. ループを抜けます." と表示します.
2. プログラムはループを停止します. これは break キーワードのためです. break を使うと, ループ内に残る反復から抜け出すことができます.

プログラムの仕組みを理解したところで, いろいろな数字を入力して試してみましょう. 動作の違いがわかりましたか.

今度は, 先ほど学んだ for ループ, if 文, 演算子を用いて "FizzBuzz" の例を実装してみましょう.

FizzBuzz は古典的なプログラミング演習です. 次のように動作するプログラムを作成します.

1. 1 から 100 までの数字について, 次の 2 から 5 を繰返します.
2. 3 で割り切れる数字では "Fizz" と表示します.
3. 5 で割り切れる数字では "Buzz" と表示します.

4. 3と5の両方で割り切れる数字では "FizzBuzz" と表示します.
5. 3や5のどちらにも割り切れない数字は, その数字を表示します.

　最初は複雑に見えるかもしれませんが, 実際には 11 行の Julia のコードに
集約されます. ファイル fizzbuzz.jl を開いて, 次のコードを打ち込んでくださ
い.

リスト 3・14 `fizzbuzz.jl`

```julia
for iteration_num in 1:100
    if iteration_num % 3 == 0 && iteration_num % 5 == 0
        println("FizzBuzz")
    elseif iteration_num % 3 == 0
        println("Fizz")
    elseif iteration_num % 5 == 0
        println("Buzz")
    else
        println(iteration_num)
    end
end
```

　このコードは上に示した五つのステップを忠実に再現したものです. 順番に説
明しましょう.
　1 から 100 までのループを始めます. ループ制御変数は iteration_num で
す. ループ内の最初の条件では, iteration_num が 3 と 5 の両方で割り切れ
るかどうかを調べ, そうなら "FizzBuzz" と表示します. そうでなければ, 3
で割り切れるかどうかを調べ, そうなら "Fizz" と表示します. そうでない場
合は, 5 で割れるかどうかを調べ, そうなら, "Buzz" と表示します. いずれの
条件も成り立たなければ iteration_num を表示します.

3・7 練 習 2

FizzBuzz の実装は次のコードでよいですか.

リスト 3・15 `fizzbuzz_exercise.jl`

```julia
for iteration_num in 1:100
    if iteration_num % 3 == 0
        print("Fizz")
```

```
 4        end
 5        if iteration_num % 5 == 0
 6            print("Buzz")
 7        end
 8        if iteration_num % 3 != 0 && iteration_num % 5 != 0
 9            print(iteration_num)
10        end
11        print("\n")
12    end
```

* print("\n") を使うと，改行します.

> 訳注: バックスラッシュ文字 "\" は少し注意が必要です. 次のように入力します.
> • Windows 日本語キーボードの場合：[¥] キーを押す. エディタや REPL で は "¥" と表示されますが，バックスラッシュと同じ意味です.
> • macOS 日本語キーボードの場合：[Option] キーと [¥] キーを同時に押す.

3・8　while ループを使った反復処理

　これまで説明したように，for ループは素晴らしいものですが，時には求める ものではない場合があります. もっと柔軟性が必要な場合もあるでしょう. ここ で while ループの出番です. while ループを使用すると，ある条件が真の間，い くつかのコードを連続的に反復できます. 前に説明した for ループの機能を複製 した簡単な例を作ってみましょう.

　next_or_quit.jl というファイルを新規作成します.

リスト3・16 next_or_quit.jl

```
1  show_next = "c"
2  next_multiple = 0
3
4  while show_next == "c"
5      global next_multiple = next_multiple + 1
6      println(5 * next_multiple)
7      print("続けるなら c を，止めるなら c 以外を入力してください：")
8      global show_next = readline()
```

```
 9   end
10   println("さようなら")
```

　このアプリケーションの動作を説明します. 最初に変数 show_next を作成し, 値を "c" とします. ここでは "continue（続ける）" という意味で "c" という文字を選びました. また, 別の変数 next_multiple も作成し, 値を 0 とします. 4 行目は while ループの使用方法の一つを示しています. while キーワードに続けて, 次の条件が続きます.

```
show_next == "c"
```

　while ブロックに入る前に, 作成した変数 show_next の初期値は "c" なので, 上の条件は true と評価されます.

　このあと, while ループ内のコードブロック, つまりキーワード while と end の間のコードが繰返し実行されます. 行番号 5 から 8 を説明しましょう.

- 5 行目は, next_multiple を一つ増やします.
- 6 行目は, next_multiple に保存された値を 5 倍した結果を表示します.
- 7 行目は, "続けるなら c を, 止めるなら c 以外を入力してください：" というメッセージを表示します.
- 8 行目は, 利用者からの入力を取得します. リスト 3・13 のコードなどのように, 整数の値を得る必要はないので, Int64 型に変換するための "parse (Int64, readline())" のようなコードは必要ありません.
- 9 行目は, while ループの終わりを示します. この時点で実行の流れは while ループの開始位置に戻り, 条件が再び評価されます. 利用者が c を入力すると, show_next == "c" の条件が true になり, コードのブロックが再び実行されます. しかし, 利用者が c 以外の文字を押した場合は, コードのブロックは再度実行されません.
- 10 行目では, 利用者に対して "さようなら" というメッセージを表示し, 別の繰返しが行われない場合はアプリケーションを停止します.

　while ループには, for ループとは異なり iteration_number などのループ制御変数がありません. つまり, あらかじめ決められた回数だけループを実行するのではないことに注意してください. 上のコードでは 5 の倍数を何度でも表示します. これにより, while ループは柔軟なものになり, for ループの代わり

にも使用できます.

　先に進む前に新しいコードを理解しましょう. 変数名 show_next と next_multiple の前にある global キーワードは, while ループの外側で以前に宣言された変数を参照することを Julia に伝えています. これらの変数に global キーワードをつけない場合は, while ループ内の変数を参照したのか, 外部で作成した変数を参照したのかを Julia は把握できず, アプリケーションは異常終了します〔[訳注] global キーワードを付けない場合に異常終了する直接の理由は, 上の説明によるものではありません. その理由を簡単に説明するのは本書の範囲を超えています. Julia 言語に慣れてきたら, Julia 公式ドキュメントの Scope of Variable の項目を参照してみましょう (https://docs.julialang.org/en/v1/manual/variables-and-scoping/#Local-Scope, 2022 年 1 月現在)〕.

　ブロックの中で global キーワードを付けずに定義した変数は, そのブロックに局所的であり, そのブロックの実行が終了すると消滅します. しかし, ここでは while ループの外で宣言した変数とその値を while ループの中で使用するので (5 行目と 6 行目), global キーワードを使う必要があります.

　では, while ループを使う別の例を見てみましょう. simple_while.jl という新しいファイルを作成し, 次のコードを打ち込んでください.

リスト 3・17　simple_while.jl

```
1   iteration_num = 0
2
3   while iteration_num < 10
4       global iteration_num += 1
5       println(iteration_num)
6   end
```

　新たに気をつけるべきことが二つあります.

1. なぜ iteration_num の前に global キーワードを使ったのでしょうか. 簡単に言えば, 最初の while ループの例 next_or_quit.jl (リスト 3・16) で説明したように, 全域の可視範囲 (つまり while ループの外側) で定義された変数に値を代入しようとしたからです. より複雑な例についてはあとの章で説明します.

2. 演算子 "+=" は初めてですね. "+=" は, この演算子の左側の変数に, 右側
の値を加えた値を代入 (再代入) するように Julia に指示します.

　　続ける前に, このコードを見てみましょう.

リスト3・18　plus_and_assign.jl

```
1   a = 10
2   a = a + 5
3   print(a)
```

　　このコードは次の値を表示します.

```
15
```

　　次のコードも同じ値を表示します.

リスト3・19　plus_assign_op.jl

```
1   a = 10
2   a += 5
3   print(a)
```

も同じ値を表示します.

```
15
```

　　なぜなら, "+=" は, 変数 a の値に 5 を加えて, a に再代入するように Julia
に指示するからです. 同様に, "-=" "*=" "/=" などの短縮された演算子 (**更
新演算子**, updating operators) を使用できます.

　　プログラム simple_while.jl (リスト 3・17) に戻りましょう. while キー
ワードに続けて, 条件を指定することに注目してください. iteration_num
の値が増えていくと, 最終的には 10 になり, 条件が false となりループが停
止します. しかし, この例の場合は, for ループの方がより速く, より優れてい
ます. 本当に while ループが必要なのは "反復は必要なのに, 繰返し回数が事前
にわからないとき" です. このような例はアプリケーション next_or_quit.jl (リ
スト 3・16) で観察しました.

　　次の第 4 章では, 複数の値を配列や辞書にまとめる方法を説明してから,
while ループの使い方をより詳しく説明します.

この第3章では，プログラミングの基本的な二つの概念，条件と反復を学びました．本書の中級段階に到達するまで，あと一息です．第5章で説明する"関数"を使うと，あなたの知識の応用の幅が広がります．

練 習 問 題

3・1 論理型を使う理由は何ですか．

3・2 利用者から三つの数字を受取り，最も小さい値から大きくなる順に表示するプログラムを作成してください．

3・3 被除数の下限と上限を利用者から受取ります．利用者から受取った除数で割り切れない被除数をすべて表示するプログラムを作成してください．

3・4 演算子 "==" と "=" の違いは何ですか．

3・5 利用者から整数を受取ります．その整数の1倍から12倍の数を，大きい順番または小さい順番に表示するプログラムを作成してください．

3・6 二つの正の整数 x と y を利用者から受取り，大きい方が小さい方で割り切れるかどうかを表示してください．

コラム コメントの書き方

コメント（comment）とは，式や命令に解釈されない文字の並びのことです．コメントは，プログラムの解釈に当たって無視されるので，メモを残すために便利に使うことができます．

Julia のコメントには，1行コメントと複数行コメントの二つがあります．

1行コメントは # で開始します．その行の行末までがコメントとなります．

```
a = 10    # 1行コメントの例です
t = "# not a comment"    # 文字列の中にコメントは書けません
```

第3章からのプログラムリストには，コメントで行を示す場合があります．

複数行コメントは #= で開始し =# で終了します．#= と =# の間に改行を入れても構いません．

```
#= 複数行コメントの例です.
改行を含めることができます =#
```

コラム **特殊な数学記号の入力と Unicode**

表 2・3 では，特殊な数学記号を変数名や関数名に使えることを説明しました．これらの特殊な数学記号の一部は，REPL を用いてキーボードから次のように入力できます．

μ: バックスラッシュ（\）に続けて mu と打ち込み，TAB キーを押す．
π: バックスラッシュ（\）に続けて pi と打ち込み，TAB キーを押す．
Å: バックスラッシュ（\）に続けて AA と打ち込み，TAB キーを押す．
√: バックスラッシュ（\）に続けて sqrt と打ち込み，TAB キーを押す．
σ: バックスラッシュ（\）に続けて sigma と打ち込み，TAB キーを押す．

バックスラッシュの入力方法は，リスト 3・15 の後で説明しました．Windows 日本語キーボードの場合は［¥］キー，macOS の場合は［Option］＋［¥］キーを押すと入力できます．

このような "TAB 変換" を用いて入力できる文字は，Julia のドキュメント "Unicode Input（https://docs.julialang.org/en/v1/manual/unicode-input/）にまとめられています．

Julia は Unicode とよばれる文字コードを全面的に採用しています．変数名や関数名に特殊な数学記号を使えることを表 2・3 で説明しましたが，実は，漢字の多くも使うことができます．漢字を使うと短い文字数で名前をつけられるので，試してみるとよいでしょう．

4 配列と辞書

第1章から第3章まででプログラミングの初歩を一通り学びました．今度は，スキルを次の初級段階に引き上げて，面白いプログラムをつくれるようにしましょう．

この章では次の内容を学びます．

▶ 配列とは何か，なぜ配列が必要なのか
▶ 配列を作成，使用，修正する方法
▶ 配列に対するいくつかの演算
▶ 友人に貸した物品を記録して，返してもらうアプリケーションのつくり方
▶ 辞書とは何か，配列と比較した利点は何か
▶ 辞書の作成と使用
▶ 配列を用いた貸し出しアプリケーションを修正し，代わりに辞書を用いる方法
▶ Julia で利用できる便利な関数

配列と辞書という二つの概念により，柔軟性，アプリケーションの幅，変数の汎用性が大幅に向上します．

4・1 配列とは何か，なぜ必要なのか

簡単に言えば，**配列**（array）とは類似した値を順番に並べた並びです．これまで学んできたことだけでは，たとえば，利用者から任意の個数の数を変数に取込んで，それらを加算するアプリケーションを構築できません．利用者から複数の外部入力を得ることはできますが，それは汚いコードになります．これは悪い慣行ですし，保守が難しく，何か問題が発生したときの修正が難しいでしょう．

この問題を解決するために配列を使用できます．配列は強力なデータ構造で，多くの値を一緒に格納できます．たとえば，友人の平均年齢を求めるプログラム

を作成したいとします．

　これまでに学んだことを基に，次のようなコードを書くことができます．

リスト4・1　`friends_age_without_array.jl`

```
1  john_age = 39
2  ronald_age = 28
3  lola_age = 32
4  janice_age = 23
5  sum_of_ages = john_age + ronald_age + lola_age + janice_age
6  number_of_friends = 4
7  println("友人の平均年齢= $(sum_of_ages / number_of_friends)")
```

　しかし，上のコードは少し"不器用"です．たとえば，別の友人を追加したい場合は，次の三つを行う必要があります．

1. 別の友人の年齢を表す新しい変数 age を定義します．
2. その変数を変数 sum_of_ages に加算します．
3. 友人の数を増やします．

　もっと簡単な方法はないのでしょうか．探検してみましょう．

4・2　配列を作成，使用，修正する方法

　その通り．ここでは配列が助けてくれます．たとえば，次のように書けます．

リスト4・2　`friends_age_with_array.jl`

```
1  friends_ages = [39, 28, 32, 23]
2  sum_of_ages = sum(friends_ages)
3  number_of_friends = length(friends_ages)
4  println("友人の平均年齢= $(sum_of_ages / number_of_friends)")
```

　続ける前に，一行ごとに解剖してみましょう．

- 最初の行では，新しい変数 friends_ages を作成し，年齢の配列を代入します．配列は角括弧（ブラケットともいいます）の対 [] で囲まれています．年齢はカンマで区切ります．
- 2行目では，配列内の数の和を求めます．幸いなことに，この機能をもつ組込関数 sum があります．sum 関数に配列を渡すと，配列内のすべての値の合計を返します．配列の中のそれぞれの値は**要素**（element）または**配列要素**

（array element）とよばれます.

- 3 行目では，配列の要素数の合計を求めます．length 関数に配列を渡すと，配列の中に何個の要素があるかを知ることができます．そして，この値を変数 number_of_friends に代入します.
- 最後に，要素の合計を要素の個数で割って平均値を求め，表示します.

　ご覧のように，配列は思ったほど複雑ではありません．しかし，強力ではないというわけではありません．これを実証するためにアプリケーションをつくってみましょう.

　adding_machine.jl という新しいファイルを開き，次の行を入力します.

リスト 4・3　adding_machine.jl

```
1  inputs = []
```

　新しい変数 inputs を作成し，それに空の角括弧の対 [] を渡して空の配列として初期化しました．この配列は要素を含みません．これを length 関数に渡すと戻り値は 0 になります（配列には 0 個の要素が含まれます）.

　今までと違って，利用者の入力は，一度だけ取得するのではなく，利用者が quit と入力するまで繰返し取得します．そのために while ループを使います.

リスト 4・4　adding_machine.jl　リスト 4・3 の末尾に追加（2 行目から）

```
2  while true
3      print("整数 (quit=終了): ")
4      user_input = readline()
5      if user_input == "quit"
6          break
7      end
8      push!(inputs, parse(Int64, user_input))
9  end
```

　繰返しになりますが，このループを一行ずつ説明していきます.

- 2 行目は，while ループを作成し，条件を渡す代わりに true を渡しています．もちろん，これは常に真と評価され，ループは決して止まらないことを意味します．しかし，プログラムがコンピューターのメモリを消費しすぎないようにするために，ループの中の 6 行目に break があります.

- 3 行目は，利用者に入力を促します．
- 4 行目は，利用者の入力を文字列として収集し，それを変数 user_input に代入します．
- 5 行目は，利用者の入力が quit と一致するかどうかを調べます．もしそうなら，利用者がループを停止したいと表明したことを意味します．
- 5 行目が真なら 6 行目を実行します．つまり，ループから抜け出します．
- 7 行目は，if 文が終わることを Julia に伝えています．
- ループがまだ切れていない場合，つまり，利用者が quit と入力していない場合は 8 行目を実行します．利用者の入力を整数に変換して，配列 inputs に追加します．
- 9 行目は，2 行目から始まる while ループを終了します．

　配列に要素を追加（push!）するとは，配列の最後の要素の後ろに要素を追加することです．たとえば，次のようなコードを打ち込むと，

リスト 4・5 push_to_array.jl

```
1  friends = ["Dan", "Dakota", "Ricard", "Craig"]
2  println(friends)
3  push!(friends, "Tanmay")
4  println(friends)
```

　次のような出力を表示します．

リスト 4・5 の実行結果

```
["Dan", "Dakota", "Richard", "Craig"]
["Dan", "Dakota", "Richard", "Craig", "Tanmay"]
```

　while ループの各行の解説を用いて，while ループの動作が理解できましたか．上のプログラムは，繰返し利用者に入力を促し，利用者が終了したいかどうかを調べます．利用者が終了したくない場合は，利用者が入力したテキストを整数に変換した数値を入力配列に追加します．これは，利用者が“quit”と入力するまで繰返します．
　ここまでで整数の配列を作成できましたが，このプログラムのポイントは，利用者が与えたすべての数値の合計を返すことです．ですからリスト 4・4 に戻って，配列の合計を計算し，それを表示するコードを追加しましょう．

`adding_machine.jl`　リスト 4・4 の末尾に追加（10 行目から）

```
10  sum_of_inputs = sum(inputs)
11  println("整数の総和= $(sum_of_inputs)")
```

　実際にアプリケーションを実行してみると，次のようにプログラムと対話できます．

リスト 4・6 の実行結果

```
整数(quit=終了): 4
整数(quit=終了): 32
整数(quit=終了): -3
整数(quit=終了): quit
整数の総和= 33
```

　Julia で配列を使うことに成功しましたね．思ったほど複雑にはなりません．もっと複雑なことをしなければならない場面もあるでしょう．Julia は，ほとんどのプログラマーが一般的に必要とすることに対処するための関数を提供しています．

4・3　配列に適用される関数

　次は，配列の全要素の合計を計算するのではなく，配列の中から特定の値を取得したい場合を考えてみましょう．

　たとえば，配列 friends を次のように定義します．

`operations_on_friends.jl`

```
1  friends = ["Dan", "Dakota", "Richard", "Craig"]
```

　この配列から "Craig" を取出して，別の変数に代入したり表示したりするには，どうしたらよいでしょうか．そのためには，Craig が配列のどこにあるかを知る必要があります．この場合，Craig は配列の 4 番目の要素です．つまり，Craig と表示するには，次のように書けばよいのです．

`operations_on_friends.jl`　リスト 4・7 の末尾に追加（2 行目から）

```
2  println(friends[4])
```

　"friends 配列の 4 番目の要素を出力せよ" と Julia に指示するために，

friends 配列（変数）の直後に角括弧 [] で 4 を囲み，それを println 関数に
渡しています.
　同様に，friends 配列から Dan を取得したい場合は，次のようにします.

```
3  first_friend = friends[1]
4  println(first_friend)
```

　friends 配列の最初の要素である Dan を取得し，それを first_friend 変
数に入力しました. そして，その first_friend 変数の内容を表示しました.
　このように配列の要素をさし示す番号を**インデックス**（index）とよびます.
　別の問題です. Richard が配列の中にあることはわかっていても，Richard
がどこにいるかわからない場合はどうしたらいいでしょうか? どうやって
Richard の "インデックス" を見つけるのでしょうか? それには findall 関
数を使います.

```
5  all_richards = findall(x -> x == "Richard", friends)
```

　上のコードは，次を実行します.

- 新しい変数 all_richards を定義します.
- findall 関数を呼び出しました.
- 配列要素が "Richard" と等しいか否かを判断する x -> x == "Richard"
  を作成します（これがどのように動作するかについては第 5 章で詳しく説明
  します）. この命令を findall 関数に渡します.
- findall 関数に配列 friends を渡します.

　上のコードを実行すると，変数 all_richards は，配列 friends の中で文
字列 "Richard" が出現するインデックスすべてからなる配列となります. 配列
friends には "Richard" が一つしかないので，この新しい配列には一つの要
素しかないはずです. それを証明するために次を実行しましょう.

```
6  println(length(all_richards))
```

　次のような出力が得られるはずです.

リスト4・11の実行結果

```
1
```

要素は一つだけとわかっているので，この行を次のように置き換えることができます．

リスト4・12 operations_on_friends.jl リスト4・11の末尾に追加（7行目から）

```
7  first_richard_index = findall(x -> x == "Richard", friends)[1]
```

上の関数呼び出し直後の，数字1を囲む角括弧 [1] は，findall 関数から返された配列の，最初の要素を取得することを意味します．すなわち，配列 friends の中で "Richard" が最初に出現したときのインデックスが得られます．

ただし，条件が成り立つ最初のインデックスを返す専用の findfirst 関数を使用する方がよいでしょう．

リスト4・13 operations_on_friends.jl リスト4・12の末尾に追加（8行目から）

```
8  first_richard_index = findfirst(x -> x == "Richard", friends)
```

上を実行すると，変数 first_richard_index は，friends 配列の中で "Richard" が存在するインデックスとなります．つまり，println(friends [first_richard_index]) と入力すると，このような出力が得られるということです．

リスト4・13の実行結果

```
Richard
```

待ってください．Dakota は先日貸した20ドルを返してくれませんでした．彼女はもう友人ではありません．配列 friends から彼女の名前を削除するには，どうしたらよいでしょう．彼女がインデックス2にいることはわかっているので，単純に次のように実行すればよいのです．

リスト4・14 operations_on_friends.jl リスト4・13の末尾に追加（9行目から）

```
9  deleteat!(friends, 2)
```

次のコードを実行すると，

リスト4・15 operations_on_friends.jl リスト4・14の末尾に追加（10行目から）

```
10  println(friends)
```

次のような結果が得られます.

リスト 4・15 の実行結果

```
["Dan", "Richard", "Craig"]
```

もう，その 20 ドルのことは忘れましょう.

今度は，科目ごとに友人を把握しているとしましょう.

リスト 4・16　operations_on_friends.jl　リスト 4・15 の末尾に追加（11 行目から）

```
11   history_friends = ["Tim", "Richard", "Lola"]
12   math_friends = ["Abigail", "Jane", "Myles"]
```

友人全員の新しい配列をつくりたい場合は，どうすればよいでしょうか.
vcat（垂直連結，vertical concatenation）関数を使えばいいのです［訳注:
二つの科目に同じ友人が入っていても取除かれず重複します］.

リスト 4・17　operations_on_friends.jl　リスト 4・16 の末尾に追加（13 行目から）

```
13   all_friends = vcat(history_friends, math_friends)
```

第 2 章で連結について説明しました. vcat 関数は二つの配列を結合します.
上の結果を表示するには，次を実行します.

リスト 4・18　operations_on_friends.jl　リスト 4・17 の末尾に追加（14 行目から）

```
14   println(all_friends)
```

次のような結果が得られます.

リスト 4・18 の実行結果

```
["Tim", "Richard", "Lola", "Abigail", "Jane", "Myles"]
```

配列は入れ子に（階層的に）もできます. 次元を深くすることです. これか
ら，多次元配列のつくり方を紹介します.

　多次元配列（multi-dimensional array）は複雑に聞こえますが（多次元を意
味する英語の multidimensional は 6 音節もあります），考え方は単純です. 先
ほど作業した 1 次元配列が値の配列だとすると，2 次元（2D, 2-dimensional）
配列は配列の配列です.

リスト 4・19 operations_on_friends.jl リスト 4・18 の末尾に追加（15 行目から）

```
15  friends_ranked = [["Dan", "Richard"], ["Lola", "Myles"],
    ["Jane", "Abigail"]
```

　上で示した friends_ranked は 2 次元配列です。配列を要素とする配列です。この例では，配列 friends_ranked の要素は，友人を要素とする配列です。配列 friends_ranked の前に近い方に配置された友人ほど，あなたは好意をもっているということにしました。

　リスト 4・19 では，friends_ranked の要素はすべて二つの要素を含む配列です。

　しかし，次のように要素の数が異なっても構いません。

リスト 4・20 operations_on_friends.jl リスト 4・19 の末尾に追加（16 行目から）

```
16  friends_ranked = [["Dan", "Richard", "Lola"], ["Myles"],
    ["Jane", "Abigail"]]
```

　しかし，Abigail は以前ほど意地悪でなくなりました。彼女を 1 ランク上げましょう。このようにします。

　まず，最後に彼女を配列 friends_ranked の 3 番目の要素（配列）から削除します。

リスト 4・21 operations_on_friends.jl リスト 4・20 の末尾に追加（17 行目から）

```
17  deleteat!(friends_ranked[3], 2)
```

　そして，彼女を配列 friends_ranked の 2 番目の要素（配列）に追加します。

リスト 4・22 operations_on_friends.jl リスト 4・21 の末尾に追加（18 行目から）

```
18  push!(friends_ranked[2], "Abigail")
```

　配列 friends を表示すると，次のように表示されるはずです。

リスト 4・22 の実行結果

```
[["Dan", "Richard", "Lola"], ["Myles", "Abigail"], ["Jane"]]
```

　では，もう少し魅力的な配列を使ってみましょう。次のような配列があるとします。

> **リスト4・23** `my_numbers.jl`

```
1    my_numbers = [3, 12, 5, 7, 8, 2]
```

では，それぞれの数字に 3 を乗じて表示するにはどうすればよいでしょう．配列内のすべての値を反復処理する必要があります．第 3 章で反復（繰返し）を説明しましたが，これまでに知っていることをまとめると，次のようなコードを書きたいでしょう．

> **リスト4・24** `my_numbers.jl` リスト 4・23 の末尾に追加（2 行目から）

```
2    for number_index in 1:length(my_numbers)
3        println(my_numbers[number_index] * 3)
4    end
```

このコードは期待通りに動作します．しかし，最良な方法ではありません．配列の要素のインデックスをループ制御変数にして，現在のインデックスの要素を取得して 3 を乗算しなければなりません．このようなことを行う代わりに，Julia では暗黙のうちに配列の要素自体を反復処理できます．

たとえば，上のコードは次のような簡単なコードになります．

> **リスト4・25** `my_numbers.jl` リスト 4・24 の末尾に追加（5 行目から）

```
5    for number in my_numbers
6        println(number * 3)
7    end
```

上のプログラムのループ制御変数は，要素のインデックスを含む数値ではなく，要素そのものです．インデックスを使わなくても配列の最初から最後まで反復処理できます．

しかし，ここでは配列のすべての要素に 3 を乗ずるという単純な演算を行うだけなので for ループを使うのは大げさです．代わりに，map 関数とよばれるものを使います．

> **リスト4・26** `my_numbers.jl` リスト 4・25 の末尾に追加（8 行目から）

```
8    new_numbers = map(x -> x * 3, my_numbers)
```

これは，my_numbers の内容を含む配列 new_numbers を作成します．しかし，新しい変数をつくらず my_numbers を更新するだけならどうでしょうか．これには二つの方法があります．

一つ目の方法は，map 関数の結果を同じ変数に再代入します．

リスト 4・27　`my_numbers.jl`　リスト 4・25 の末尾に追加（8 行目から）

```
8   my_numbers = map(x -> x * 3, my_numbers)
```

二つ目の方法は，map! 関数を使う方法です．

リスト 4・28　`my_numbers.jl`　リスト 4・25 の末尾に追加（8 行目から）

```
8   map!(x -> x * 3, my_numbers, my_numbers)
```

関数 map! の最後にある感嘆符（!）は，その場で配列を修正する（再代入する）ように Julia に指示するものです．上のコードを次のように実行すると，

リスト 4・29　`my_numbers.jl`　リスト 4・28 の末尾に追加（9 行目から）

```
9   println(my_numbers)
```

次のような結果が得られます．

リスト 4・29 の実行結果

```
[9, 36, 15, 21, 24, 6]
```

ここまで配列の使い方について新しい知識を得たので，もう少し面白いものをつくってみましょう．

ファイル friend_lend_manager.jl を新規作成し，次のコードを打ち込みます．

リスト 4・30　`friend_lent_manager.jl`

```
1   friends = ["Dan", "Richard", "Craig"]
2   lent = [[], ["Book: Ender's Game", "2 dollars"], ["Calculator"]]
```

上のリストでは，friends と lent という二つの配列をつくりました．配列 friends には，友人の名前を表す文字列を代入します．配列 lent は，あなたが友人に貸した物品を並べた配列を要素として含みます．

配列 lent の並びは，配列 friends の友人の並びに対応します．たとえば，Richard に貸した物品を調べるにはどうすればよいでしょうか．"Richard" が配列 friends のインデックス 2 にあるので，配列 lent のインデックス 2 の値を取得すればよいのです．println(lent[2]) を実行すると，次のような配

列が得られます．これが，あなたが Richard に貸した物品です．

friend_lent_manager.jl　実行結果

```
["Book: Ender's Game", "2 dollars"]
```

あとは今まで学んだことを一つのアプリケーションにまとめます．リスト 4・30 に，次のコードを追加してください．

リスト 4・31　friend_lent_manager-main_loop_1.jl
　　　　　　　リスト 4・30 の末尾に追加（3 行目から）

```
3   while true
4       println("命令を入力してください")
5       println("(takeback=返す/give=貸す/newfriend=友人を追加/
            quit=終了)? ")
6       user_action = readline()
7   end
```

さらに，上のコードの 6 行目と 7 行目の間に次のコードを挿入してください．

リスト 4・32　friend_lent_manager-main_loop_1.jl
　　　　　　　リスト 4・31 の 6 行目と 7 行目の間に挿入

```
7       if     user_action == "takeback"     # T
8       elseif user_action == "give"         # G
9       elseif user_action == "newfriend"    # N
10      else
11          println("命令が見つかりません.")
12          println("正しい命令は takeback/give/newfriend/quit です")
13      end
```

ご覧のように，まだあまり機能が実装されていません．それぞれのブロックに対するコードを書いてみましょう．完成形はリスト 4・39 に示します．
　最初に，利用者が takeback（返す）を入力した場合の動作を実装してみましょう．これが最初の if 文ブロックとなります．次のように動作するコードが必要です．

• 友人の名前すべてを表示する．
• 物品を返した友人の名前を利用者に尋ねる．

- その友人に貸した物品をすべて表示する．
- どの物品を返したかを利用者に尋ねる．
- その友人がその物品を返したことを記録するように，配列を修正する．

　では，リスト 4・32 の 7 行目の `if user_action == "takeback"` の次の行から 8 行目の間に，次のコードを追加しましょう．

リスト 4・33 `friend_lent_manager_takeback_part.jl`
リスト 4・32 の 7 行目と 8 行目の間に挿入

```
8   println("友人を表示します: ")
9   for friend in friends
10      println(friend)
11  end
12  print("どの友人から返してもらいますか? ")
13  friend_name = readline()
14  friend_index = findall(x -> x == friend_name, friends)
```

　上のコードは，上に説明したステップ 1 と 2 を実行します．配列 `friend_index` は，配列 `friends` 内で，利用者が入力した名前 `friend_name` が出現する位置（インデックス）からなる配列です．名前が見つからない場合は，この配列の長さは 0 になります．名前が見つかったか否かを判断しましょう．

リスト 4・34 `friend_lent_manager_takeback_part.jl`
リスト 4・33 の末尾に追加（15 行目から）

```
15  if length(friend_index) == 0
16      println("その友人は見つかりませんでした")
17      continue
18  else
19  end
```

　ご覧のように，else ブロックはまだ実装していません．しかし，メインの if 文ブロックには，初出の continue キーワードが書かれています．この continue キーワードは，"現在の反復ではこれ以上コードを実行しないで，次の反復に進んでください" と Julia に伝えるものです．
　それでは，リスト 4・34 の else ブロックを実装してみましょう．ここでは利用者が入力した友人を特定されています．

リスト 4・35 `friend_lent_manager_takeback_part.jl`
リスト 4・34 の 18 行目と 19 行目の間に挿入

```
19  friend_index = friend_index[1]
20  if length(lent[friend_index]) == 0
21      println("$(friend_name)さんには何も貸していません")
22      continue
23  end
24  println("$(friend_name)さんに貸した物品を表示します:")
25  for item in lent[friend_index]
26      println(item)
27  end
```

上のコードは，その友人の名前の最初の出現箇所を見つけ，その友人に貸した物品があるかどうかを調べます．貸した物品があれば，それぞれ表示します．貸した物品がなければ，"その友人に何も貸していない"と表示して続行します（これも"次の反復へのスキップ"に相当します）．

上に続けて，次のコードを打ち込みます．

リスト 4・36 `friend_lent_manager_takeback_part.jl`
リスト 4・35 の末尾に追加（28 行目から）

```
28  print("$(friend_name)さんから返された物品を入力してください? ")
29  item_name = readline()
30  item_index = findall(x -> x == item_name, lent[friend_index])
31  if length(item_index) == 0
32      println("その物品は貸していません")
33      continue
34  else
35      item_index = item_index[1]
36      deleteat!(lent[friend_index], item_index)
37      println("$(item_name)を$(friend_name)さんから返してもらいました")
38  end
```

このコードが何をしているのか，あなたは理解できるでしょう．その友人からどの物品を返してもらったのかを，利用者に尋ねます．物品が見つかった場合は，それを配列から削除し，その旨を利用者に知らせます．物品が見つからない場合は，物品を見つけられなかったと表示して続行します．

これで takeback（返す）動作が完成です.

それでは, give（貸す）動作を elseif ブロックに実装してみましょう. これは, 利用者が友人に物品をあげたり貸したりしたときに実行されます. 今度は, give 動作の全体をお見せします.

リスト 4・37　friend_lent_manager_give_part.jl
リスト 4・32 の 8 行目と 9 行目の間に挿入

```
9   println("友人を表示します:")
10  for friend in friends
11      println(friend)
12  end
13  print("どの友人に貸しますか? ")
14  friend_name = readline()
15  friend_index = findall(x -> x == friend_name, friends)
16  if length(friend_index) == 0
17      println("その友人は見つかりませんでした")
18      continue
19  else
20      friend_index = friend_index[1]
21      print("$(friend_name)さんに貸す物品を入力してください? ")
22      item_name = readline()
23      push!(lent[friend_index], item_name)
24      println("$(item_name)を$(friend_name)さんに貸します ")
25  end
```

このコードが何をするかは理解できるでしょう. 上の部分の流れを列挙すると, 次のようになります.

- 友人を利用者に表示します
- どの友人に貸すかを利用者に尋ねます.
- 入力された友人名がなければ, その旨を利用者に伝えて続行します.
- 友人が見つかれば, その友人に何を貸すかを利用者に尋ねます.
- 利用者が貸した物品を配列 lent に格納し（追加し）, 確認メッセージを出力します.

最後に, newfriend（友人の追加）の部分を実装してみましょう.

リスト 4・38 `friend_lent_manager_newfriend_part.jl`
リスト 4・32 の 9 行目と 10 行目の間に挿入

```
10    print("新しい友人を入力してください？ ")
11    friend_name = readline()
12    push!(friends, friend_name)
13    push!(lent, [])
```

これで完成です．パッケージを使った初めてのアプリケーションができました．

最終的なコードは次のようになります．

リスト 4・39 `friend_lend_manager.jl`

```
1    friends = ["Dan", "Richard", "Craig"]
2    lent = [[], ["Book: Ender's Game", "2 dollars"], ["Calculator"]]
3    while true
4        println("命令を入力してください")
5        println("takeback=返す/give=貸す/newfriend=友人を追加/quit=
             終了)？ ")
6        user_action = readline()
7        if user_action == "quit"
8            break
9        end
10       if user_action == "takeback"     # T
11           println("友人を表示します:")
12           for friend in friends
13               println(friend)
14           end
15           print("どの友人から返してもらいますか？ ")
16           friend_name = readline()
17           friend_index = findall(x -> x == friend_name, friends)
18           if length(friend_index) == 0
19               println("その友人は見つかりませんでした")
20               continue
21           else
22               friend_index = friend_index[1]
23               if length(lent[friend_index]) == 0
24                   println("$(friend_name)さんには何も貸していません")
```

```julia
25                  continue
26              end
27              println("$(friend_name)さんに貸した物品を表示します:")
28              for item in lent[friend_index]
29                  println(item)
30              end
31              print("$(friend_name)さんから返された物品を入力してくださ
                     い? ")
32              item_name = readline()
33              item_index = findall(x -> x == item_name,
                     lent[friend_index])
34              if length(item_index) == 0
35                  println("その物品は貸していません")
36                  continue
37              else
38                  item_index = item_index[1]
39                  deleteat!(lent[friend_index], item_index)
40                  println("$(item_name)を$(friend_name)さんから返し
                         てもらいました" )
41              end
42          end
43      elseif user_action == "give"      # G
44          println("友人を表示します:")
45          for friend in friends
46              println(friend)
47          end
48          print("どの友人に貸しますか? ")
49          friend_name = readline()
50          friend_index = findall(x -> x == friend_name, friends)
51          if length(friend_index) == 0
52              println("その友人は見つかりませんでした")
53              continue
54          else
55              friend_index = friend_index[1]
56              print("$(friend_name)さんに貸す物品を入力してください? ")
57              item_name = readline()
58              push!(lent[friend_index], item_name)
```

```
59            println("$(item_name)を$(friend_name)さんに貸します")
60        end
61     elseif user_action == "newfriend"     # N
62        print("新しい友人を入力してください? ")
63        friend_name = readline()
64        push!(friends, friend_name)
65        push!(lent, [])
66     else
67        println("命令が見つかりません")
68        println("正しい命令は takeback/give/newfriend/quit です")
69     end
70 end
71 println("さようなら...")
```

実行すると，次のように対話できます．

リスト 4・39 の実行結果

```
命令を入力してください
(takeback=返す/give=貸す/newfriend=友人を追加/quit=終了)? give
友人を表示します:
Dan
Richard
Craig
どの友人に貸しますか? Dan
Dan さんに貸す物品を入力してください? Soda
Soda を Dan さんに貸します
命令を入力してください
(takeback=返す/give=貸す/newfriend=友人を追加/quit=終了)? takeback
友人を表示します:
Dan
Richard
Craig
どの友人から返してもらいますか? Richard
Richard さんに貸した物品を表示します:
Book:Ender's Game
2 dollars
Richard さんから返された物品を入力してください? Book: Ender's Game
```

```
Book: Ender's Game from を Richard さんから返してもらいました
命令を入力してください
(takeback=返す/give=貸す/newfriend=友人を追加/quit=終了)?
newfriend
新しい友人を入力してください? Danny
命令を入力してください
(takeback=返す/give=貸す/newfriend=友人を追加/quit=終了)? quit
さようなら...
```

いつでも，あなたが利用者として quit と入力して [Enter] キーを押すと，プログラムはあなたにさようならと言って終了します．

今実装したものは非常に刺激的でしたが，この実装には悪い習慣があります．それは，配列が二つあり，一方の配列のすべての要素は，もう一方の配列の別の要素に対応するというものです．これでうまくいきますし，大きなバグや穴はありません．しかし，プロジェクトが大きくなってくると，このようなコードは維持や将来の解読，問題の修正が難しくなってきます．

ここで，辞書の出番です．

4・4 辞書とは何か，配列と比較した利点は何か

辞書（dictionary）を使うと，値と他の値とを関連づけることができます．辞書を使ったプログラミングに入る前に，辞書といえば何が思い浮かぶでしょうか．

dictionary.com やオックスフォード英語辞典などの英語辞書を見て使ったことがある人も多いのではないでしょうか．これらの辞書では，次のような関連性を記します（表 4・1）．

表 4・1 英単語の意味

英単語	英単語の意味
Air	A mixture of nitrogen, carbon dioxide, oxygen, and other gases that surrounds our planet Earth and forms our atmosphere
Food	Any substances that living beings normally eat when they are hungry, for growth, repair, and maintenance of their bodies
Mail	Letters, packages, etc. that are sent or delivered from one party to another by means of the postal system
Refine	To make something better and purer

　これらの単語には複数の意味（定義）があるかもしれませんが、話を簡単にするために、この例では無視しましょう。

　ここで、単語の意味を簡単に、配列に代入することを考えてみましょう。

リスト 4・40　word_meanings_with_array.jl

```
1  word_meanings = ["a mixture of gases that forms our
   atmosphere", "substances that living beings normally eat for
   growth, repair, and maintenance of their bodies", "letters
   and packages that are sent or delivered", "to make something
   better and purer"]
```

　この配列には四つの項目があります。各項目にはインデックス（index、添字ともいいます）が付きます。1番目の項目はインデックス1をもち、2番目の項目はインデックス2をもち、3番目の項目はインデックス3をもつ、などとなっています。

　この場合のインデックスは、各要素の**キー**（key）です。4番目の項目の意味を得るために、配列にインデックス4の要素を教えてもらいます。つまり、4のキーをもっている要素を配列に求めるのです。このように意味を取出すことができます。

```
println(word_meanings[4])
```

　ここで、refine の意味を得るためのキーが4（配列内の位置）ではなく、キーが refine という単語そのものだったとしましょう。そうすると、次のように、意味を取出せます。

```
println(word_meanings["refine"])
```

　これは素晴らしいことです。そしてこれこそが、配列と似たような概念、"辞書"を使ってできることなのです。それぞれの値に対して、利用者が指定したキーをもつことができます。

4・5 辞書の作成と使用

　辞書をさらに使いこなすためには、まず辞書のつくり方から始めましょう。たとえば、次のように書けます。

　word_meanings_with_dict.jl

```
1  word_meanings = Dict{String, String}("air" => "a mixture of
   gases that forms our atmosphere", "food" => "substances that
   living beings eat for growth, repair, and maintenance of their
   bodies", "mail" => "letters and packages that are sent or
   delivered", "refine" => "to make something better or purer")
```

　この 1 行だけで辞書を作成できます．仕組みを理解するために，上の文をいくつかの部分に分けてみましょう．

　word_meanings_with_dict.jl　リスト 4・41 を再掲

```
1  word_meanings = Dict{String, String}("air" => "a mixture of
   gases that forms our atmosphere", "food" => "substances that
   living beings eat for growth, repair, and maintenance of their
   bodies", "mail" => "letters and packages that are sent or
   delivered", "refine" => "to make something better or purer")
```

　███：これは “辞書を作る” と Julia に伝えます．
　　　：これは，キーが String 型で，値も String 型であることを Julia に伝えます．
　███：辞書の項目のキーです．
　　　：これらは演算子で，左がキー，右がそれらのキーに関連付けられた値です．
　███：これらは，キーに関連付けられた値です．

　配列とは異なり，辞書には順序がありません．そのため，辞書を表示するたびに，キーと値が異なる順序で表示される可能性があります．もちろん，すべてのキーと値の対は永続的に保持されます．
　単語とその定義を，辞書という構造データに格納できました．今度は辞書を詳しく学びましょう．キーから定義を取得する方法を確認してみましょう．次のコードを実行します．

　word_meanings_with_dict.jl
　　　　　　リスト 4・41 の末尾に追加（2 行目から）

```
2  println(word_meanings["air"])
```

A mixture of nitrogen, carbon dioxide, oxygen, and other gases
から始まる文字列が出力されるはずです.

　単語とその定義との両方を読み出せますが, 単に単語の配列が欲しいだけの場
合はどうでしょうか. それぞれの単語がキーです. それぞれの定義が値です.

　ですから, 辞書のすべてのキーを取得するには, 次のように辞書を keys 関数
に渡すだけです.

> **リスト 4・44**　word_meanings_with_dict.jl
> 　　　　　　　リスト 4・43 の末尾に追加 (3 行目から)

```
3  println(keys(word_meanings))
```

　出力は次のようになります.

リスト 4・44 の実行結果

```
["air", "food", "mail", "refine"]
```

　辞書は本来順番がないので, 返されるキーの順番が違う可能性があります.
　配列に新しい値を追加するには push! 関数を使いました. 辞書では, 次のよ
うに書くだけで新しいキーと値の対を追加できます.

> **リスト 4・45**　word_meanings_with_dict.jl
> 　　　　　　　リスト 4・44 の末尾に追加 (4 行目から)

```
4  word_meanings["card"] = "a rectangular piece of plastic or
       thick paper"
```

　キーと値の対を削除したい場合は, delete! 関数を使います (注意: 配列の
要素削除に用いる deleteat! は辞書には使えません)
　たとえば, 辞書から air という単語とその意味を削除するには, 次のコード
を実行します.

> **リスト 4・46**　word_meanings_with_dict.jl
> 　　　　　　　リスト 4・45 の末尾に追加 (5 行目から)

```
5  delete!(word_meanings, "air")
```

　また, より複雑な辞書も作成できます. たとえば, キーの型を String, 値の
型を Int64 の配列としましょう.

リスト 4・47　test_scores.jl

```
1    test_scores = Dict{String, Array{Int64}}("Robert" => [89, 79,
     97, 85], "Griffin" => [60, 76, 80, 73])
```

　もちろん，辞書をループさせることもできます．ただし，方法は少し違います．キーと値の対は，技術的には二つの値であることを覚えておいてください．一つの値ではありません．つまり，for ループでループ制御変数は一つではなく，二つです．

リスト 4・48　test_scores.jl　リスト 4・47 の末尾に追加（2 行目から）

```
2    for (person_name, scores) in test_scores
3        println("$(person_name)さんの平均点 = " *
4            "$(sum(scores) / length(scores))")
5    end
```

　このコードは，Robert と Griffin のテストの平均点を表示します．for ブロックの中では，変数 person_name にはおのおのの名前が入ります．変数 scores には各人の点数からなる配列が入ります．

4・6　貸出アプリケーションの構築

　では，先ほどの "友人に貸したものを管理する" プログラム（リスト 4・39）を，より最適なものにするために，辞書を使ってみましょう．修正したプログラムを次に示します．追加したコードを囲みで示しています．

リスト 4・49　friend_lend_manager_with_dict.jl

```
1    lent = Dict{String, Array{String}}(
2        "Dan" => [],
3        "Richard" =>  ["Book: Ender's Game", "2 dollars"],
4        "Craig" =>  ["Calculator"])
5    while true
6        println("命令を入力してください")
7        println("(takeback=返す/give=貸す/newfriend=友人を追加/
            quit=終了)? ")
8        user_action = readline()
9        if user_action == "quit"
10           break
```

```
11      end
12      if user_action == "takeback"      # T
13          println("友人を表示します:")
14          for friend in keys(lent)
15              println(friend)
16          end
17          print("どの友人から返してもらいますか? ")
18          friend_name = readline()
19          if !(friend_name in keys(lent))
20              println("その友人は見つかりませんでした")
21              continue
22          else
23              if length(lent[friend_name]) == 0
24                  println("$(friend_name)さんには何も貸していません")
25                  continue
26              end
27              println("$(friend_name)さんに貸した物品を表示します:")
28              for item in lent[friend_name]
29                  println(item)
30              end
31              print("$(friend_name)さんから返された物品を入力してくだ
                    さい? ")
32              item_name = readline()
33              item_index = findall(x -> x == item_name,
                    lent[friend_name])
34              if length(item_index) == 0
35                  println("その物品は貸していません")
36                  continue
37              else
38                  item_index = item_index[1]
39                  deleteat!(lent[friend_name], item_index)
40                  println("$(item_name)を$(friend_name)さんから返し
                        てもらいました")
41              end
42          end
43      elseif user_action == "give"      # G
44          println("友人を表示します:")
```

```
45        for friend in keys(lent)
46            println(friend)
47        end
48        print("どの友人に貸しますか? ")
49        friend_name = readline()
50        if !(friend_name in keys(lent))
51            println("その友人は見つかりませんでした")
52            continue
53        else
54            print("$(friend_name)さんに貸す物品を入力してください? ")
55            item_name = readline()
56            push!(lent[friend_name], item_name)
57            println("$(item_name)を$(friend_name)さんに貸します")
58        end
59    elseif user_action == "newfriend"      # N
60        print("新しい友人を入力してください? ")
61        friend_name = readline()
62        lent[friend_name] = []
63    else
64        println("命令が見つかりません."
65        println("正しい命令は takeback/give/newfriend/quit です")
66    end
67  end
68  println("さようなら...")
```

　これが必要な変更点です．2次元配列の演算をすべて辞書の演算に変更しました．これで，私たちのコードはより読みやすくなったので，保守や内部の問題の修正がより簡単になりました．

4・7　Julia で利用できる便利な関数

　ここまでで，複雑な配列や辞書を使う方法を習得し，例題のアプリケーションをつくることもできました．この章を終える前に，Julia が提供する関数の一部を紹介します．これからご覧になるのは，知っておいて損はない関数のほんの一部です．他にもたくさんの機能がありますが，これらの何百もの機能を，印刷された本に記録することは不可能です（だからこそ，Julia のドキュメントが存在するのです）．ここでは，あなたに役立つ，いくつかの関数を紹介します．

4・7・1　split 関数

split 関数は，文字列を文字列の配列に分割するのに役立ちます．
たとえば，次のように友人の名前を並べた文字列があります．

リスト 4・50　demo_split.jl

```
1  my_friends = "Tanmay, Lisa, Renee, Troy"
```

　この文字列を配列に分割したい場合は，split 関数を使って区切り文字
（delimiter，デリミタともいいます）で文字列を分割します．区切り文字は，文
字列内の異なる要素を分離するものです．上のリストの場合，区切り文字は
"，"（カンマと半角空白文字）です．
　ここでは，split 関数の使い方を例で示します．次のコードを実行すると，

リスト 4・51　demo_split.jl　リスト 4・50 の末尾に追加（2 行目から）

```
2  my_friends_arr = split(my_friends, ", ")
3  println(my_friends_arr)
```

　次のような出力が表示されるはずです．

リスト 4・50＋リスト 4・51 の実行結果

```
SubString{String}["Tanmay", "Lisa", "Renee", "Troy"]
```

　ご覧のように，これで配列に分割されました．
　空の文字列を区切り文字として渡すと，文字列内のすべての文字を取得できま
す．次のコードを実行すると，

リスト 4・52　demo_split_characters.jl　リスト 4・50 の末尾に追加（2 行目から）

```
2  my_friends_characters = split(my_friends, "")
3  println(my_friends_characters)
```

　次のような結果となります．1 文字ごとの配列が得られました．

リスト 4・52 の実行結果

```
SubString{String}["T", "a", "n", "m", "a", "y", ",", " ",
"L", "i", "s", "a", ",", " ", "R", "e", "n", "e", "e"]
```

4・7・2 join 関 数

join 関数は，基本的に split 関数の逆を行います．区切り文字を入れて文字列の配列を一つの文字列として結合します．

たとえば，次のような配列 my_friends があるとします．

リスト 4・53 demo_join.jl

```
1  my_friends = ["Dorothy", "Jane", "Steve", "Vladimir"]
```

配列を直接表示するという"醜い"方法の代わりに，要素を結合できます．

リスト 4・54 demo_join.jl リスト 4・53 の末尾に追加（2 行目から）

```
2  my_friends_string = join(my_friends, ", ")
3  println(my_friends_string)
```

次のような出力が表示されるはずです．

リスト 4・54 の実行結果

```
Dorothy, Jane, Steve, Vladimir
```

これは素晴らしいですね．

また，次のように区切り文字を入れずに文字列の配列を結合できます．

リスト 4・55 demo_join_characters.jl

```
2  list_of_strings = ["a", "b", "c", "d"]
3  println(join(list_of_strings, ""))
```

この結果を見てください．

リスト 4・55 の実行結果

```
abcd
```

4・7・3 collect 関 数

collect 関数は，データの並びを"表す"値を取込んで，それらの値を実際の配列に実体化するのに役立ちます．

たとえば，この for ループを見てみましょう．

リスト 4・56　demo_collect.jl

```
1  for iteration in 1:10
2      println(iteration)
3  end
```

具体的には，1 行目の最後の部分を見てください．

```
1  1:10
```

これは**範囲**（range）とよばれ，Julia に 1 から 10 までの数の並びを作成するように指示します．ただし，次のように範囲をそのまま表示しても，

リスト 4・57　print_range.jl

```
1  println(1:10)
```

範囲はそのまま表示されます．

リスト 4・57 の実行結果

```
1  1:10
```

なぜなら，範囲は動的に計算されるデータだからです．たとえば，上の for 文で，範囲 1:10 に値を要求すると，最初の反復回では 1 の値が得られます．2 回目の反復回では，範囲から 2 の値が得られます．これは，範囲から値が得られなくなるまで繰返され，for ループが終了します．これに対して，配列の場合は，すべての値が事前に計算されます．

範囲 1:10 を値の配列に変換するには，次のように collect 関数を使用します．

リスト 4・58　print_collect_range.jl

```
1  println(collect(1:10))
```

次のように配列に変換されました．

リスト 4・58 の実行結果

```
[1, 2, 3, 4, 5, 6, 7, 8, 9, 10]
```

Julia の能力はいつもあなたを驚かせてしまいます．他の言語でプログラミングをしたことがある人にとっては，次のようなことは少し意外でしょう．

第 2 章で説明したように，文字（文字列ではありません）は数値として格納され，文字として表示されます．つまり，次のように文字の範囲をつくることも

できます.

リスト 4・59　print_collect_characters.jl

```
1   println(collect('a':'z'))
```

次のような文字の配列が出力されます.

リスト 4・59 の実行結果

```
['a', 'b', 'c', 'd', 'e', 'f', 'g', 'h', 'i', 'j', 'k', 'l',
'm', 'n', 'o', 'p', 'q', 'r', 's', 't', 'u', 'v', 'w', 'x',
'y', 'z']
```

これからの章を理解するために, 配列と辞書について知っておくべきことは, ここまでです.

では, コードを再利用してプログラムをより効率的することで, より多くのことを実現できるのか考えてみましょう. 次の章に進みます.

練 習 問 題

4・1　利用者に整数の配列を入力させた後に, その配列の最小と最大の整数を見つけるプログラムを作成してください.

4・2　配列または辞書を使用して, キロメートル (km), メートル (m), センチメートル (cm), ミリメートル (mm) の間で, 長さの単位を変換するプログラムを作成してください.

$$1.5 \text{ km} = (1500) \text{ m} \qquad 300 \text{ mm} = (30) \text{ cm}$$

プログラムは, かっこ () 内の数字を計算する必要があります.

4・3　2018 年の半年間の玩具店 3 店舗の次の販売数データ (表 4・2) を, 配列に格納しましょう. そのうえで, 本章で説明したプログラムを参考にして, 店ごと, 月ごとの "合計" の空白セルの値を計算するプログラムを作成してください.

表 4・2　おもちゃの販売数

店舗	1 月	2 月	3 月	4 月	5 月	6 月	合計
店 1	1,023	942	1,600	1,200	1,090	841	
店 2	946	765	890	1,124	993	964	
店 3	1,200	1,165	1,078	1,108	1,212	1,099	
合計							

4・4　プロンプトを表示して, 10 個までの数を配列に格納してから, 整列して昇順に表示するプログラムを作成してください.

5 関　　数

　遂に初級段階の最後の章までたどり着いたかと思うと嬉しい限りです．次の第6章以降では，エラー処理やパッケージ管理，さらには機械学習など，より高度なテーマに取組んでいきます．

　この章では次の内容を学びます．

▶ 関数とその使い方
▶ 関数は，エラーを減らし，コードの保守を容易にする
▶ 関数の宣言と呼び出し
▶ 値を返す関数
▶ 省略可能なキーワード引数をもつ関数
▶ 関数を配列に適用する
▶ 汎用関数
▶ 関数を再帰的に使用する

　関数を書くことは，どのようなプログラミング言語でも最も重要な機能の一つです．これは私たちが作成したアプリケーションをモジュール化するのに役立ちます．モジュール化すると変更や更新が必要になったときでも修復が容易です．

5・1　関数とその使い方

　中級段階に進む前に，もう一つの基本的な概念"関数"を学ぶ必要があります．プログラミングにおける**関数**（function）とは，特定のタスクを実行したり，問題を解決したりするために書かれた一連の命令のことです．関数は名前が付けられていて，何度でも呼び出すことができ，コード化したタスクを実行させることができます．関数を使用すると，プログラム中のコードを再利用できます．たとえば，第4章でつくった，友人に貸した物品を記録するアプリケーションを思い出しましょう．

5・2　関数は，エラーを減らし，コードの保守を容易にする

　第 4 章では，まず，配列を使ったアプリケーションを作成し，その後，辞書を使うアプリケーションに修正しました．これらのアプリケーションを眺めると，どの友人を選ぶか利用者に尋ねるコードが，give と takeback の両方に共通して書かれています．これが問題となるおもな理由は，保守性と拡張性に欠けるということです．先のアプリケーションは，あなたがこれまでにコーディングしたなかで最も長いものでした．あなたはこれからもっと大きなアプリケーションをコーディングしていくことになるでしょう．このようなコードをすべてのアプリケーションで繰返していたら，プログラミングの道は果てしなく長くなってしまうでしょう．

　このコードブロックに小さな変更を加えることを想像してみてください．たくさんの場所で変更を加えなければなりません．これこそが，関数が解決しようとしている問題なのです．関数は，コードブロックを"カプセル化"，すなわち，ひとまとめにします．関数はコードの他の場所から"参照"すなわち呼び出すことができます．

　続ける前に，関数を使った簡単な例をお見せしましょう．

　たとえば，次の三つの情報の並びを利用者に入力してもらうアプリケーションをつくりたいとします．

- 親友は誰か　　　　・ 友人は誰か　　　　・ 知人（友人でない）は誰か

　ここでは，あなたには複数の親友がいると想定します．各フィールドは任意の数の入力をもてるので，もちろん配列を使う必要があります．

　これまで学んだことを使って，次のようなコードを書いてみましょう．

リスト5・1　friends_1.jl

```
1  println("親友を入力してください")
2  best_friends = []
3  while true
4      print("名前: ")
5      user_input = readline()
6      if user_input == "done"
7          break
8      end
9      push!(best_friends, user_input)
10 end
```

```
11  println("友人を入力してください")
12  friends = []
13  while true
14      print("名前: ")
15      user_input = readline()
16      if user_input == "done"
17          break
18      end
19      push!(friends, user_input)
20  end
21  println("知人を入力してください")
22  not_friends = []
23  while true
24      print("名前: ")
25      user_input = readline()
26      if user_input == "done"
27          break
28      end
29      push!(not_friends, user_input)
30  end
```

　一見すると小さなコードのように見えますが，これは繰返しの多い作業です．とはいえ，動作します．動かしてみると次のように対話できます．

リスト5・1の実行例

```
親友を入力してください
名前: Patrick
名前: Anna
名前: done
友人を入力してください
名前: Frank
名前: Jane
名前: done
知人を入力してください
名前: done
```

　上の対話で，三つの配列ができあがりました．配列 best_friends は次の友

人を含みます.

```
["Patrick", "Anna"]
```

配列 friends は次の友人を含みます.

```
["Frank", "Jane"]
```

また,配列 not_friends は空です.

　これから,関数を用いて上のプログラム(リスト 5・1)を最適化し,コードの行数を約 3 分の 1 に減らす方法をご紹介します.その前に,関数の基本的な概念を理解しておく必要があります.そのために次の例を参考にしてみましょう.

5・3 関数の宣言と呼び出し

　たとえば,整数を受取り,それに 1 を加えた数を表示するコードブロックをつくりたいとしましょう.Julia では次のように書きます.

リスト 5・2　add_one_1.jl

```
1  function add_one(original_number::Int64)
2      println(original_number + 1)
3  end
```

　これが関数ですね.まず,コードの 1 行目を分解してみましょう(表 5・1).

表 5・1 関数の宣言行

コードの部分	説　明
function	この最初のキーワードは,これから関数を定義することを Julia に伝えます.これは Julia の予約語です.変数名には使えません.関数の宣言を開始するためにのみ使用できます.
add_one	これは,Julia に関数名を伝えます.この場合は add_one ですが,ほかの名前でも構いません.変数として有効な名前は,関数の名前にできます.たとえば,calc_area, find_least_number, squareOf などです.
original_number	これもあなたが決める変数名です.これを仮引数(かりひきすう,parameter)とよびます.関数は仮引数をもたない場合もあれば,仮引数を一つ以上もつ場合もあります.関数に渡された引数は,関数内部で仮引数の名前で参照できます.
::Int64	"::" の部分は "型の" を意味し,その後に,関数が受取る変数の型を指定します.この例の型は "Int64" です.(original_number::Int64)の部分をまとめて,"関数は Int64 型の仮引数 original_number を受取る" とも読めます.

ここからは，この行を**関数宣言行**（function declaration line）とよぶことにします．

add_one_1.jl　リスト5・2の1行目を再掲

```
1   function add_one(original_number::Int64)
```

function キーワード（1 行目）から end キーワード（3 行目）までのコードがすべて関数の定義となります．この場合は 1 行のコードしかありません．

仮引数（parameter）は関数定義内のすべての行で読み書きできます．たとえば，2 行目を見ましょう．

add_one_1.jl　リスト5・2の2行目を再掲

```
2   println(original_number + 1)
```

仮引数 original_number の値をまだ代入していませんが，値を読み出せます．関数が呼ばれたときに，original_number に値が入るからです．関数内のコードが実行され，end キーワードに到達すると，変数 original_number は削除されます．そのあとすぐに関数の呼び出し元へ戻ります．

では，上のコードを実行してみましょう．実行結果には何も表示されません．ここまでのコードは関数を定義しただけだからです．引数を渡して，関数を呼び出す必要があります．

add_one 関数を呼び出すために，関数定義（リスト 5・3）に続けて，次のコードを打ち込みます．

リスト5・3　add_one_1.jl　リスト5・2の末尾に追加（4 行目から）

```
4   add_one(3)
```

上のコードを実行すると，このような出力が表示されます．

リスト5・4の実行結果

```
4
```

正しく動作しているようです．しかし待ってください．関数の 2 行目では，変数 original_number に 1 を加えます．しかし，加えた値を変数 original_number に書き戻していませんからこの変数の値は変わりません．ということは，original_number を表示すると 3 が表示されるはずです．では，original_number を表示させるために，リスト 5・3 に続けて次の行を入力します．

リスト5・4　add_one_1.jl　リスト5・3の末尾に追加（5行目から）

```
5  println(original_number)
```

上のコードを実行すると，次のような出力が表示されます．

リスト5・4の実行結果

```
3 ERROR: LoadError: UndefVarError: original_number not defined
Stacktrace:
  [1] top-level scope at none:0
  [2] include at ./boot.jl:326 [inlined]
  [3] include_relative(::Module, ::String) at ./loading.jl:1038
  [4] include(::Module, ::String) at ./sysimg.jl:29
  [5] exec_options(::Base.JLOptions) at ./client.jl:267
  [6] _start() at ./client.jl:436
```

エラーが発生しました．なぜでしょうか．

end キーワードの後に変数が削除されると説明したことを覚えていますか．エラーの原因は，"可視範囲（スコープ）の外"，すなわち，関数の外では存在しない変数を表示しようとしたからです．

説明しましょう．次のコードを見てください．

リスト5・5　add_one_1.jl　リスト5・2の修正例

```
1   function add_one(original_number::Int64)
2       ...
3       ...
.       ...
.       ...
.       ...
95      println(original_number)
96      ...
97      ...
98      ...
99  end
100 add_one(3)
101 println(original_number)
```

変数 original_number を読み書きできるコードは，function キーワードとそれに対応する end キーワードの間にあるコードのみです．たとえば，関数が 100 行のコードで構成されるとしましょう．2 行目から 99 行目までは，変数 original_number を使用できます．この変数は，可視範囲が関数内部に**局所的**（local, **ローカル**ともいいます）ですので，関数から抜けた直後に読み書きできなくなります．

では，次のようにすれば，同様の表示結果が得られるでしょうか．

リスト 5・6 add_one_2.jl

```
1  function add_one(original_number::Int64)
2      added_number = original_number + 1
3      println(added_number)
4  end
5  add_one(3)
6  println(added_number)
```

このコードは，リスト 5・5 と同じように動作するはずです．すなわち，4 を表示します．それからエラーが発生します．

最後の行は，関数の仮引数 original_number ではなく，変数 added_number を表示しようとします．まだエラーが発生するのはなぜでしょうか．この変数が関数の中で定義されたからです．関数内で宣言された変数は，関数が終了すると消滅します．関数内で宣言された変数には（仮引数を通して）データを渡すことはできますが，関数の外で読み出すことはできません．

5・4 値を返す関数

外部入力を受取るだけの関数はつまらないですね．与えたデータを処理して結果を返す関数をつくりたいです．そこで今回は，関数内で 1 を足して値を表示するのではなく，関数は 1 を足して値を返すだけと定義し，関数の外で値を表示するようにしましょう．

次のコードを打ち込んでください．

リスト 5・7 add_one_3.jl

```
1  function add_one(original_number::Int64)::Int64
2      return original_number + 1
3  end
```

　関数宣言の最後に ::Int64 を追加しました．この部分は，この関数が Int64 型の値を返すことを Julia に伝えます．言い換えれば，この関数から返される**戻り値**（return value，**返り値**ともいいます）は，常に整数に変換されます．

　これで，今まで使っていた関数と同じように使えるようになりました．たとえば次のように使えます．

リスト 5・8　add_one_3.jl　リスト 5・7 の末尾に追加（4 行目から）

```
4  println(add_one(3))
```

　add_one 関数の呼び出しは，それ自体が式です．その式は整数の値になると定義しました．その整数は println 関数に渡され，結果が画面に表示されます．そのため，上のプログラムを実行すると次のように表示されます．

リスト 5・8 の実行結果

```
4
```

　次のように，変数を使って表示もできます．

リスト 5・9　add_one_3.jl　リスト 5・8 の末尾に追加（5 行目から）

```
5  input = 10
6  result = add_one(input)
7  println(result)
```

　上のプログラムを実行すると，次のように表示されます．

リスト 5・9 の実行結果

```
11
```

　最初は難しいと思われていた"関数"をあなたは理解し，その扱い方もわかるようになりました．しかし，関数の仕組みを真に理解するためには，もう少し強力なものをつくらなければなりません．

　では，本章の最初のコード（リスト 5・1）に戻って，繰返されたコードを特定しましょう．次のリストの赤枠で示す部分が繰返されたコードです．

リスト 5・10　`friend_1.jl`　リスト5・1を再掲，繰返し部分を赤枠で表示

```
1    println("親友を入力してください")
2    best_friends = []
3    while true
4        print("名前: ")
5        user_input = readline()
6        if user_input == "done"
7            break
8        end
9        push!(best_friends, user_input)
10   end
11   println("友人を入力してください")
12   friends = []
13   while true
14       print("名前: ")
15       user_input = readline()
16       if user_input == "done"
17           break
18       end
19       push!(friends, user_input)
20   end
21   println("知人を入力してください")
22   not_friends = []
23   while true
24       print("名前: ")
25       user_input = readline()
26       if user_input == "done"
27           break
28       end
29       push!(not_friends, user_input)
30   end
```

　これで，カプセル化したいパターンがわかりました．次のステップを行うような関数をつくればよいのです．

• 空の配列（文字列）を作成する．

- 無限ループを始める.
- 反復の各回では,個別のプロンプトを表示して利用者からの外部入力を受取る.この場合,"名前:"というプロンプトを表示する.
- 利用者が done と入力すると,ループから抜け出す.
- そうでなければ,最初のステップで作成した配列に利用者の入力を追加する.

　この関数が返す値は最初のステップで作成した配列です.次のように関数を定義すればよいでしょう.

リスト5・11　friends_3.jl

```
 1  function list_of_inputs(prompt::String)::Array{String}
 2      input_list::Array{String} = []
 3      while true
 4          print(prompt)
 5          user_input = readline()
 6          if user_input == "done"
 7              break
 8          end
 9          push!(input_list, user_input)
10      end
11      return input_list
12  end
```

　Julia では最初の大きな関数でしたね.注目して欲しいことがあります.配列を作成する2行目のコードで,配列の型を明示的に Julia に伝えていることにお気づきですか.

friends_3.jl　リスト5・11の2行目を再掲

```
 2  input_list::Array{String} = []
```

　型を明示することは必須ではありませんし,実際には行わないことをお勧めします.しかし,私が説明したいのは型を明示するかしないかではありません.このように,関数の中では変数の型を明示できる理由を説明したいのです.
　§2・5"変数の型"(リスト2・17)で,変数の型を強制しようとしたときに,

エラーが発生したのを覚えていますか，次の行がエラーの原因となったコードです．

`fifteen.jl`　リスト2・17の1行目を再掲（エラーの原因）

```
1  number1::Int64 = 52
```

　エラーの原因は，その変数が**全域の可視範囲**（global scope，グローバルスコープともいいます）内にあるからです．そして，Julia は全域の可視範囲にある変数の型を強制できません．

　"変数が全域の可視範囲にある"ことは，"その変数がプログラム内のすべての関数や他の可視範囲から読み書きできる"ことを意味します．

　たとえば，次のようなコードがあるとします．

リスト5・12　do_something.jl

```
1  a = 10
2
3  function do_something()
4      println("関数 do_something に入りました")
5      println("関数の中で a の値は")
6      println(a)
7      println("関数の中で a に 5 を代入します")
8      global a = 5
9  end
10
11 do_something()
12 println("関数の外で a の値は")
13 println(a)
```

　この場合，変数 a は全域の可視範囲にあるので，仮引数として受取らないにもかかわらず，関数内部から読み書きできたのです．6 行目のように，全域変数 a の値を読み出すことは普通にできます．

　ただし，全域変数 a に値を書き込むには，8 行目のように変数名の前に`global` キーワードが必要です．これは，do_something 関数に局所的な変数 a ではなく全域変数として宣言された変数 a を参照することを明示的に Julia に伝えるためです．

　上のコードの出力は，次のようになるはずです．

リスト 5・12 の実行結果

```
関数 do_something に入りました
関数の中で a の値は
10
関数の中で a に 5 を代入します
関数の外で a の値は
5
```

　可視範囲（スコープ）をもつのは関数だけではありません．すべてのコードブロックが可視範囲をもちます．たとえば，次のコードを試してみましょう．

リスト 5・13　scope_in_for_loop.jl

```
1  for iteration_num in 1:5
2      println(iteration_num)
3  end
4  println(iteration_num)
```

　上を実行すると，1 から 5 までの数字を画面に表示した後，エラーが発生するのがわかります．これは iteration_num が定義された for ブロックの外で iteration_num を出力しようとしたためです．

　利用者から入力の並びを取得する例に戻りましょう．リスト 5・12 でつくった関数を使うコードを書きましょう．

リスト 5・14　friends_3.jl　リスト 5・11 の末尾に追加（13 行目から）

```
13  println("親友を入力してください")
14  best_friends = list_of_inputs("名前: ")
15  println("友人を入力してください")
16  friends = list_of_inputs("名前: ")
17  println("知人を入力してください")
18  not_friends = list_of_inputs("名前: ")
```

　このように，本章の最初のコード（リスト 5・1）と同じ機能を，3 分の 1 以下の行数で実現できました．入力の収集方法の手順を変更する場合，元コードのように 3 箇所ではなく，1 箇所で変更すればよいことになります．

　しかし，"知人を入力してください"というような個別のプロンプトを表示する機能がないのが残念です．これを処理させましょう．そのためには関数の仮引数が複数必要です．

次のように，複数の仮引数をカンマ “,” で区切ります.

リスト 5・15　friends_4.jl

```
1   function list_of_inputs(
2       title::String, prompt::String)::Array{String}
3       println(title)
4       input_list::Array{String} = []
5       while true
6           print(prompt)
7           user_input = readline()
8           if user_input == "done"
9               break                       # A
10          end
11          push!(input_list, user_input)   # B
12      end
13      return input_list
14  end
```

上の関数はリスト 5・11 と同じように動作します. 唯一の違いは，もう一つ
の仮引数 title をとることです. 関数定義の最初の行に title を追加しまし
た.

利用者の外部入力を取得するためのコード（リスト 5・14）は，次のように
書き換えられます. コードがすっきりしましたね.

リスト 5・16　friends_4.jl　リスト 5・15 の末尾に追加（15 行目から）

```
15  best_friends = list_of_inputs(
16      "親友を入力してください", "名前: ")
17  friends = list_of_inputs(
18      "友人を入力してください", "名前: ")
19  not_friends = list_of_inputs(
20      "知人を入力してください", "名前: ")
```

もう少し，コードを面白くするために，並びの要素数に制限を加えられるよう
にしましょう. たとえば，best_friends は最大 2 人まで，friends は最低 1
人まで，not_friends の数は特に制限を設けません.

まず関数の宣言を変更して，次のように新たな仮引数 minimum と maximum
を追加します.

リスト5・17　`friends_5.jl`　リスト5・15の1行目から修正

```
1  function list_of_inputs(
2      title::String, prompt::String,
3      minimum, maximum)::Array{String}
```

＊　〔訳注〕Julia の標準ライブラリには，minimum と maximum という名前の関数（メソッド）が定義されています．これらの名前を変数や仮引数に使うことはできますが，これらの名前で関数を定義しようとするとエラーになります．

要素数の下限 minimum の制限を実装してみましょう．

リスト5・15の8行目 if user_input == "done" から始まる if ブロックの中の9行目（# A）の break キーワードを，次のコードに置き換えます．

リスト5・18　`friends_5.jl`　リスト5・15の9行目（# A）から修正追加

```
9          if minimum != nothing                  # A1
10             if length(input_list) < minimum     # A2
11                 println("$(minimum)以上の要素が必要です")
12                 continue
13             else
14                 break
15             end
16         else                                    # A3
17             break
18         end
```

順番に解説しましょう．

- **9行目（# A1）**　　利用者が要素数の下限を指定したかどうかを確認します．仮引数 minimum に値 nothing を渡したときは，下限を指定しないことを意味します．Julia の nothing キーワードは，その名の通り "何もないもの" を意味する値であり，数字の0でも文字の空白でもありません．
- **10行目（# A2）から**　　minimum に数値を与えた場合，配列の長さが要素数の下限の制限に達したか否かを調べます．下限に達していればループを抜けます．下限に達していなければ，達する必要があることを利用者に知らせ，この繰返しを続けます
- **16行目（# A3）から**　　minimum に数値を与えない場合はループから抜け出します．

次に，要素数の上限 maximum の制限を実装しましょう．リスト 5・15 の 11 行目，配列に要素を追加（push!）する行（コメント # B）の前に，もう一つ if 文を次のように追加します．

リスト 5・19 friends_5.jl　リスト 5・15 の 11 行目（# B）の前に追加

```
if maximum != nothing
    if length(user_input) == maximum
        break
    end
end
```

上のプログラム片で，引数 maximum に数値を与えた場合，その最大値でループが終了するようになります．関数全体を示すと次のようになります．

リスト 5・20 friends_5.jl　完成版

```
1  function list_of_inputs(
2      title::String, prompt::String,
3      minimum, maximum)::Array{String}
4    println(title)
5    input_list::Array{String} = []
6    while true
7      print(prompt)
8      user_input = readline()
9      if user_input == "done"
10         if minimum != nothing
11             if length(input_list) < minimum
12                 println("$(minimum)以上の要素が必要です")
13                 continue
14             else
15                 break
16             end
17         else
18             break
19         end
20       end
21       if maximum != nothing
22         if length(user_input) == maximum
```

```
23                break
24            end
25         end
26         push!(input_list, user_input)
27      end
28      return input_list
29   end
```

関数 list_of_inputs を次のように呼び出せるようになりました。これで，要素数の下限と上限の制限を課すことができました。

リスト 5・21　friends_5.jl　リスト 5・20 の末尾に追加（30 行目から）

```
30   best_friends = list_of_inputs(
31       "親友を入力してください", "名前: ", nothing, 2)
32   friends = list_of_inputs(
33       "友人を入力してください", "名前: ", 1, nothing)
34   not_friends = list_of_inputs(
35       "知人を入力してください", "名前: ", nothing, nothing)
```

5・5　省略可能なキーワード引数をもつ関数

　上で定義した関数（リスト 5・20）は，この章の最初のリスト（リスト 5・1）よりもはるかにすっきりしています。それでも，下限と上限を強制したくないときに，"nothing, nothing" と書かなくてはいけないのはちょっと格好悪いですね。

　関数呼び出しで両方の仮引数を省略できるようにしたいです。これは同時に，両方の仮引数の順番が不定（順不同）なことを意味します。すなわち，仮引数 minimum の前に仮引数 maximum を置いて関数を呼び出しても動作すべきです。

　この種の順不同の仮引数のための関数宣言には**キーワード引数**（optional keyword argument）とよばれる特別な規定があります。これらの仮引数はセミコロン（;）の後に書きます。次のように仮引数に既定値も指定できます（表 5・2）。

リスト 5・22　friends_6.jl

```
1   function list_of_inputs(
```

```
2    title::String, prompt::String;
3    minimum = nothing, maximum = nothing)::Array{String}
```

表 5・2　省略可能なキーワード引数をもつ関数宣言行

コードの部分	説　明
;	セミコロンの右側に書かれた仮引数は任意の順序で実引数として書けることを Julia に伝えます.
= nothing	これらの仮引数の既定値（デフォルト）です. これは, 利用者が仮引数 minimum と maximum を指定しないで関数を呼び出した場合, 対応する引数を nothing と仮定することを Julia に伝えています.

この関数は次のように呼び出せます.

リスト 5・23　friends_6.jl　リスト 5・21 から変更（30 行目から）

```
30   best_friends = list_of_inputs(
31       "親友を入力してください", "名前: ", maximum = 2)
32   friends = list_of_inputs(
33       "友人を入力してください", "名前: ", minimum = 1)
34   not_friends = list_of_inputs(
35       "知人を入力してください", "名前: ")
```

ご覧のように, 省略可能な引数（上のコードでは minimum と maximum）は値を指定する際に引数名を指定しなければなりません. しかし, このコードはよりきれいになったように見えます.

関数の使い方がわかったところで, 関数を活用した新しいアプリケーションをつくってみましょう. このアプリケーションは関数を学ぶだけでなく, 数学の宿題にも役立ちます. 三角形の面積を計算するアプリケーションをつくります. このアプリケーションを使って, 三角形の面積を計算してみましょう.

まず, 三角形の面積を計算する古典的な方法を見てみましょう. 図 5・1 の三角形を考えましょう.

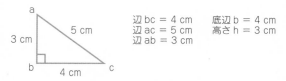

図 5・1　直角三角形の辺の長さ, 底辺, 高さ

三角形の面積 area を求めるには，底辺 b と高さ h を乗じて，2 で割ります．

```
area = (b * h) / 2
```

底辺が bc = 4 cm，高さが ab = 3 cm の三角形の値を入力すると次のようになります．

```
area = (4 * 3) / 2
= 6
```

面積は 6 cm^2 になります．

しかし，この式を使うためには三角形の底辺と高さを知る必要があります．辺の長さしかわからない場合はどうすればよいでしょうか．直角三角形ではない場合は底辺と高さを求めるのが難しくなります．その場合は，**ヘロンの公式**（Heron's formula）を使うとよいでしょう．

図 5・1 の例の三角形を見てみましょう．図から，辺の長さは辺 bc = 4 cm，辺 ac = 5 cm，辺 ab = 3 cm です．面積を計算するには次の 2 段階の手順を使います．

- **ステップ 1**　　半周の長さを求めます．図形の辺の長さの合計が外周です．半周は外周の半分です．ここで，

```
bc = 4 cm
ac = 5 cm
ab = 3 cm
```

ですから，半周 sp は次のように計算できます．

```
sp = (bc + ac + ab) / 2
= (4 + 5 + 3) / 2
= 6 cm
```

- **ステップ 2**　　半周 sp，各辺の長さ bc，ac，ab の値をヘロンの公式（下式）に入力して，三角形の面積を求める．

$$面積 = \sqrt{(sp \times (sp - bc) \times (sp - ac) \times (sp - ab))}$$

上の式は複雑に見えるかもしれませんが，この本の目的としては，正確な方法や理由を知る必要はありません．三角形の底辺と高さがわからなくても，この公

式で三角形の面積 area を求めることができます．先ほど見た三角形の辺の長さ
を代入すると，どうなるか見てみましょう．

```
area = sqrt(6 * (6 - 4) * (6 - 5) * (6 - 3))
= sqrt(36)
= 6.0
```

＊　関数 sqrt は，数の平方根を計算するための関数です．

上のように，ヘロンの公式を用いても，同じ面積の値 6 cm^2 が得られました．
これで三角形の面積を計算できました．では，二つの公式を用いて面積を計算す
る関数を Julia で実装してみましょう．

まずは古典的な方法から始めましょう．

リスト5・24　classic_triangle_area_1.jl

```
1  function classic_triangle_area(
2      base::Float64, height::Float64)::Float64
3      print(
4          "三角形の面積を求めます: " *
5          "底辺=$(base), 高さ=$(height)...")
6      return (base * height) / 2
7  end
```

必要なのはこれだけです．次のように関数を実行すると，

リスト5・25　classic_triangle_area_1.jl
　　　　　　　　リスト5・24の末尾に追加（8行目から）

```
8  println(classic_triangle_area(4.0, 3.0))
```

次のように表示されます．

リスト5・25の実行結果

三角形の面積を求めます: 底辺=4, 高さ=3... 6.0

上の println() 関数の文を次のように変更すると書式を設定できます．

リスト5・26　classic_triangle_area_1.jl　リスト5・25の8行目を修正

```
8  println(" 面積=$(classic_triangle_area(4.0, 3.0))")
```

　次のような表示結果が得られます.

リスト 5・26 の実行結果

```
1   三角形の面積を求めます：底辺=4，高さ=3...面積=6.0
```

　しかし，これは少し曖昧です. 関数を呼び出すときに，どの変数が底辺で，どの変数が高さなのかを指定したい場合はどうすればよいでしょうか. 次のようにすればよいのです.

リスト 5・27　classic_triangle_area_2.jl

```
1   function classic_triangle_area(;
2       base::Float64, height::Float64)::Float64
3       return (base * height) / 2
4   end
```

　最初は違いがわからないかもしれませんので強調しておきます. 関数名の直後の開括弧の直後にセミコロン（;）があることに注目してください. このセミコロンの後の実引数はキーワード引数でしたね. キーワード引数はどの順序でも指定できますが，どの引数かを関数に伝える必要があることを覚えておいてください.

　関数 classic_triangle_area を次のように呼び出すことができるようになりました.

リスト 5・28　classic_triangle_area_2.jl
　　　　　リスト 5・27 の末尾に追加（5 行目から）

```
5   println(classic_triangle_area(base=4.0, height=3.0))
```

　キーワード引数 base と height の順番を入替えることもできます.

リスト 5・29　classic_triangle_area_2.jl
　　　　　リスト 5・28 の末尾に追加（6 行目から）

```
6   println(classic_triangle_area(height=3.0, base=4.0))
```

　どちらも正しい出力が得られます. classic_triangle_area 関数は，どちらが底辺で，どちらが高さかを認識するようになりました.
　しかし，少し面倒ですね. 関数の定義は実質 1 行であるのに，function キー

ワードから始めて 4 行も書かないといけないのでしょうか．もう少し短くでき
ないでしょうか．

　もちろん，できますよ．もう一度，次の関数から始めてみましょう．

リスト 5・30　classic_triangle_area_2.jl　リスト 5・27 を再掲

```
1  function classic_triangle_area(;
2      base::Float64, height::Float64)::Float64
3      return (base * height) / 2
4  end
```

　まず，戻り値の型を削除しましょう．

リスト 5・31　classic_triangle_area_3.jl

```
1  function classic_triangle_area(;
2      base::Float64, height::Float64)
3      return (base * height) / 2
4  end
```

　仮引数の型も削除しましょう．

リスト 5・32　classic_triangle_area_4.jl

```
1  function classic_triangle_area(; base, height)
2      return (base * height) / 2
3  end
```

　::Float64 がなくなっていることに注目してください．このコードを実行す
ると正しく動作します．

　次に，function キーワードと end キーワードの両方を削除してみましょう
（次のコードはまだ動作しません）．

リスト 5・33　classic_triangle_area_5.jl　このコードは動作しません

```
1  classic_triangle_area(; base, height)
2      return (base * height) / 2
```

　ここで，return キーワードを削除して，残った 2 行目を 1 行目に詰めてみ
ましょう（次のコードはまだ動作しません）．

リスト5・34 classic_triangle_area_6.jl　このコードは動作しません

```
1  classic_triangle_area(; base, height) (base * height) / 2
```

ここで，詰めた部分に等号 "=" を入れましょう（これでようやく動作します）．

リスト5・35 classic_triangle_area_7.jl

```
1  classic_triangle_area(; base, height) = (base * height) / 2
```

そうです．4行のコードを1行にまとめました．Julia は型を推論できるので，戻り値の型や仮引数の型を指定する必要はありません．

このままでも関数を呼び出すことができます．次の行を実行すると，

リスト5・36 classic_triangle_area_7.jl
リスト5・35の末尾に追加（2行目から）

```
2  println(classic_triangle_area(base=5.0, height=3.0))
```

次のように正しい出力が得られます．

```
6.0
```

ここまでで，古典的な公式による三角形の面積の求め方を実装しました．では，ヘロンの公式に基づく方法も実装してみましょう．

リスト5・37 herons_triangle_area.jl

```
1  function herons_formula_triangle_area(;
2      bc::Float64, ac::Float64, ab::Float64)::Float64
3      sp = (bc + ac + ab) / 2
4      return sqrt(sp * (sp - bc) * (sp - ac) * (sp - ab))
5  end
```

これでできるようになりました．次の式を実行すると，

リスト5・38 herons_triangle_area.jl　リスト5・37の末尾に追加（6行目から）

```
6  println(herons_formula_triangle_area(ab=3.0, bc=4.0, ac=5.0))
```

次のように正しい出力が得られるはずです．

リスト5・38の実行結果

```
6.0
```

これで完成です．あとは利用者からの入力を得るだけです．

リスト5・39　classicplusheron.jl
リスト5・37およびのリスト5・39の後に追加

```
print("どちらの公式を使いますか(classic, herons): ")
area_method = readline()
if area_method == "classic"
    print("底辺: ")
    base = parse(Float64, readline())
    print("高さ: ")
    height = parse(Float64, readline())
    println("三角形の面積= " *
        "$(classic_triangle_area(base=base, height=height))")
    elseif area_method == "herons"
        print("角a を臨む辺の長さ: ")
        a = parse(Float64, readline())
        print("角b を臨む辺の長さ: ")
        b = parse(Float64, readline())
        print("角c を臨む辺の長さ: ")
        c = parse(Float64, readline())
        println("三角形の面積= " * "$(
            herons_formula_triangle_area(bc=a, ac=b, ab=c))")
end
```

　上のコードは，三角形の面積を計算するために，どちらの方法を使いたいかを利用者に尋ねています．利用者がclassicを選んだ場合は，底辺と高さを入力します．heronsを選んだ場合は三つの辺の長さを入力します．どちらの場合で

```
% julia classicplusheron.jl
どちらの公式を使いますか (classic, herons)? classic
底辺: 4.0
高さ: 3.0
三角形の面積= 6.0
% julia classicplusheron.jl
どちらの公式を使いますか (classic, herons)? herons
角aを臨む辺の長さ: 3.0
角bを臨む辺の長さ: 4.0
角cを臨む辺の長さ: 5.0
三角形の面積= 6.0
%
```

図5・2　classicplusheron.jl プログラムを実行して，三角形の面積を二つの方法で計算する

も，利用者は三角形の面積を取得できます．図5・2は，プログラムの実行の様子を示しています．

このように，二つの方法で三角形の面積を求めるアプリケーションを作成しました．

5・6 配列に関数を適用する

ここまでで，関数の機能をかなりおわかりいただけたでしょう．しかし，汎用関数や再帰などのより高度なトピックに入る前に，まず，Julia が提供する関数の機能をもう少し理解する必要があります．

Julia は汎用性の高い言語で，おもに関数指向の言語です．つまり，関数は第一級として扱われます．"第一級"の意味を気にする必要はありませんが，基本的には Julia が関数をうまく扱うことを意味しています．他の言語よりもはるかに優れています．

たとえば，ある数値が偶数かどうかを計算して，それを論理値として返す関数があるとします．

リスト 5・40 is_even.jl

```
1  function is_even(x)
2      if x % 2 == 0
3          return true
4      else
5          return false
6      end
7  end
```

上の関数の動作を確認しましょう．

リスト 5・41 is_even.jl リスト 5・40 の末尾に追加（8 行目から）

```
8  println(is_even(50))
9  println(is_even(25))
```

次のように表示されるはずです．

```
true
false
```

これでいいですね．では，次のような値の配列があるとします．

リスト5・42 is_even.jl　リスト5・41の末尾に追加（10行目から）

```
10   lots_of_numbers = [1, 2, 3, 4, 5, 6, 7, 8, 9, 10]
```

それぞれに is_even 関数を実行したい場合は，次のようにします．

リスト5・43 is_even.jl　リスト5・42の末尾に追加（11行目から）

```
11   are_they_even = map(x -> is_even(x), lots_of_numbers)
```

そして，このような出力が表示されるはずです．（［訳注］論理型の配列は整数で表示されます．1は true に，0は false にそれぞれ対応します．）

リスト5・43の実行結果

```
1    10-element BitVector:
2     0
3     1
4     0
5     1
6     0
7     1
8     0
9     1
10    0
11    1
```

しかし，上のコードを簡潔に記述する構文を Julia は用意しています．次の1行です．

リスト5・44 is_even.jl　リスト5・43の末尾に追加（12行目から）

```
12   are_they_even = is_even.(lots_of_numbers)
```

map 関数を使わずに同じことが書けるのです．技術的には，関数 is_even は引数として配列ではなく，一つの値（スカラー，scalar）をとります．しかし，関数名の直後に，すなわちピリオド（.）をつけると，配列のすべての要素に関数を適用することを Julia に指示します．

5・7 汎 用 関 数
関数の基本を理解したところで，今度は汎用関数を説明します．汎用関数を説

明する前に，"汎用（generic）"という言葉の大まかな定義を知っておく必要があります．これは"一般（general）"や"共通（common）"という意味で，"特定（specific）"の反対語です．

　汎用関数を使用すると，引数としてとる型や返す型が厳密すぎず，特定の型に限定されない柔軟な関数をつくることができます．

　たとえば，次のような配列を定義したとします．

リスト 5・45 `julia_sum.jl`

```
1  friends_ages = [20, 21, 28, 26]
2  friends_heights = [64.8, 61.2, 72, 70.8]
```

　配列 friends_ages は Int64 型の要素を含みます．配列 friends_heights は Float64 型の要素を含みます．たとえば，友人の年齢の平均を計算するには，次のように単純に年齢 friends_ages の合計を求め，これを友人の数（配列の長さ）で除すだけです．

リスト 5・46 `julia_sum.jl` リスト 5・45 の末尾に追加（3 行目から）

```
3  sum(friends_ages) / length(friends_ages)
```

　出力は次のようになります．

リスト 5・46 の実行結果

```
23.75
```

　今度は友人の身長の平均を知りたい場合はどうでしょうか．次のようにすればよいでしょう．

リスト 5・47 `julia_sum.jl` リスト 5・46 の末尾に追加（4 行目から）

```
4  sum(friends_heights) / length(friends_heights)
```

　結果は次のようになります．

リスト 5・47 の実行結果

```
67.2
```

　これで正しく計算できました．関数 sum に注目しましょう．この関数は次のような異なる二つの型をもつ変数に適用できます．

- 変数 friends_ages：Array{Int64} 型
- 変数 friends_heights：Array{Float64} 型

このような関数を**汎用関数**（genetic function）といいます.

　汎用関数を理解するために，まず，Int64 型の要素をもつ配列を引数として
とり，その要素の合計を返す単純な関数をつくってみましょう.

リスト 5・48　　my_sum_1.jl　リスト 5・47 の末尾に追加（5 行目から）

```
5  function my_sum(x::Array{Int64})::Int64
6      array_sum = 0
7      for element in x
8          array_sum += element
9      end
10     return array_sum
11 end
```

　これで整数を要素とする配列の合計を計算できます.

リスト 5・49　　my_sum_1.jl　リスト 5・48 の末尾に追加（12 行目から）

```
12  my_sum(friends_ages) / length(friends_ages)
```

　しかし，Float64 を要素とする配列に関数 my_sum を適用すると，

リスト 5・50　　my_sum_1.jl　リスト 5・49 の末尾に追加（13 行目から）

```
13  my_sum(friends_heights) / length(friends_heights)
```

　次のようなエラーが発生します.

リスト 5・50 の実行結果

```
1  ERROR: MethodError: no method matching
2  my_sum(::Array{Float64,1}) Closest candidates are:
    my_sum(::Int64) at REPL[5]:2 my_sum(::Array{Int64,N}
3  where N) at REPL[7]:2
4  Stacktrace:
5   [1] top-level scope at none:0
```

　エラーメッセージの最初の 2 行に注目すると，このエラーは "Array
{Float64,1} 型，すなわち，Float64 型の要素を含む配列を受取る my_sum
という関数が存在しない" ことを意味していることがわかります.

　ここで，二つのことを思い出しましょう．一つは，Int64 と Float64 はどちらも数ですが，型は異なります．もう一つは，加算演算子は浮動小数点数か整数かを気にしません．数の型であることを確認するだけです．

　したがって，任意の型の数を要素とする配列を受取るように関数 my_sum に指示すれば問題が解決します．それを実現するコードを次に紹介します．

リスト5・51　my_sum_2.jl

```
1  function my_sum(x::Array{T})::T where T <: Number
2      array_sum = 0
3      for element in x
4          array_sum += element
5      end
6      return array_sum
7  end
```

　見ての通り，関数内のコードは同じなので宣言行に注目してみましょう．

my_sum2.jl　リスト5・51の1行目を再掲

```
1  function my_sum(x::Array{T})::T where T <: Number
```

　T という新しい型を使うことに注目してください．この関数は，T 型の要素をもつ配列を受取ることを期待し，この関数は T 型の単一の値を返します．そして，通常の関数宣言の後に where キーワードが現れました．where キーワードの後に，**汎用型制約**（generic constraints）を導入します．"T <: Number"の部分は，T が数字（Number）の型を意味することを Julia に伝えます．文字 T の代わりに，別の文字（たとえば U）を使ってもいいし，他の有効な変数名を使うこともできます．

　関数 my_sum は，関数 sum と同じように動作するようになりました．こうすれば正しい出力が得られるはずです．

リスト5・52　my_sum_2.jl　リスト5・51の末尾に追加（8行目から）

```
8  println(my_sum(friends_ages) / length(friends_ages)
9  println(my_sum(friends_heights) / length(friends_heights))
```

　しかし，型推論を使用すれば，次のように問題を完全に回避できます．

リスト5・53 my_sum_3.jl

```
1  function my_sum(x)
2      array_sum = 0
3      for element in x
4          array_sum += element
5      end
6      return array_sum
7  end
```

本書では，汎用関数のより高度な議論はしませんが，その概念と存在理由を理解し，それをどのように使用するかの簡単な例を経験しました．

5・8 関数を再帰的に使用する

最後に，関数の世界には最後の新領域があります．これは，関数そのものというよりも，関数の中で行う動作に関係します．**再帰**（recursion）のことです．

再帰を説明する前に，"階乗"とよばれる数学的な概念と演算子を説明しましょう．階乗は数字の後に感嘆符（!）を付けて表現します．たとえば，"5!"は"5 の階乗"と読みます．"5 の階乗"は，次の式で計算します．

```
5 * 4 * 3 * 2 * 1
```

ご覧のように，基本的には 5 から 1 までの数を繰返し乗算します．同じように，7! は，次の式で計算します．

```
7 * 6 * 5 * 4 * 3 * 2 * 1
```

別の計算方法もあります．たとえば，7! は次の式とも等しいです．

```
7 * (6!)
```

この理由は，6! は，次の式で計算されるからです．

```
6 * 5 * 4 * 3 * 2 * 1
```

今度は，6! は，次の式とも等しいです．

```
6 * (5!)
```

上のような数式変形が続きます．最後に，1! は単に 1 を返します（乗算はし

ません).

　ある意味, 階乗関数が自分自身を呼び出すともいえます. つまり, 数 x を引数として階乗関数を呼び出すと, その関数は x-1 を渡して自分自身を呼び出します. そして, それ自身から返された値に x を乗じます. 値 1 を渡した場合は, 1 を返すだけです.

　以上のことを Julia で実装しましょう. たとえば, 次のように書けます.

> リスト5・54　`factorial.jl`

```
1  function factorial(x::Int64)::Int64
2      if x == 1
3          return x
4      end
5      return x * factorial(x - 1)
6  end
```

　これまで学んできたことをふまえて上の例を理解できるでしょう. 関数は整数 x を受取り, それが 1 ならそのまま返します. そうでなければ, x から一つ小さい整数を実引数として同じ関数を呼び, 返された値に x を乗じた結果を返します.

　次のように書くと,

> リスト5・55　`factorial.jl`　リスト5・54の末尾に追加 (7行目から)

```
7  println(factorial(6))
```

　次の結果が得られます.

```
720
```

　正しい結果が得られました.

　上の動作を理解するために, この計算の連鎖を展開して, 関数が自分自身を呼び出すときに何が渡されるのかを見てみましょう.

　次のようなプログラムを用意します.

> リスト5・56　`factorial_calls.jl`

```
1  ncalls = 0
2
3  function factorial(x::Int64)::Int64
```

```
4       global ncalls += 1
5       println("呼び出し$(ncalls)")
6       println("引数= $(x)")
7       if x == 1
8           println("$(x) を返す")
9           return x
10      else
11          println("$(x)*factorial($(x-1))を返す")
12          return x * factorial(x-1)
13      end
14  end
15
16  factorial(6)
```

上のプログラムを実行すると、次のような印字結果が得られます.

factorial 関数呼び出し

```
呼び出し1
引数= 6
6*factorial(5)を返す
呼び出し2
引数= 5
5*factorial(4)を返す
呼び出し3
引数= 4
4*factorial(3)を返す
呼び出し4
引数= 3
3*factorial(2)を返す
呼び出し5
引数= 2
2*factorial(1)を返す
呼び出し6
引数= 1
1を返す
```

　上のように、x は関数呼び出しの連鎖に渡され，連鎖として "再帰的に" 計算され，最終的な計算結果が得られます. 呼び出し 6 が呼び出し 5 に 1 を返すと，

その 1 に 2 が乗算されます．そして，呼び出し 4 が結果 2 を返すと，これに 3 が乗算されます．その後，呼び出し 3 で結果 6 を返すと，最終的に 720 が得られます．これが再帰を用いて数の階乗を計算する仕組みです．

　もちろん，再帰だけが階乗を計算する唯一の方法ではありません．たとえば，ループを利用した反復を用いて次のように定義できます．

リスト 5・57　factorial_iterative.jl

```
1   function factorial_iterative(x::Int64)::Int64
2       y = x
3       while x > 1
4           x -= 1
5           y *= x
6       end
7       return y
8   end
```

　基本的には関数呼び出しをループに置き換えています．階乗関数を実装する方法は他にもありますが，より効率的なものもあれば，そうでないものもあります．上の二つの例は，再帰的計算と反復的計算の違いを明確にするのに役立ちます．

　これで関数の世界の旅を終えます．これからは，問題が起きたときの対処法など，より高度なプログラミングに挑戦していくことになります．

練 習 問 題

5・1　整数を仮引数として受取り，それが 3 で割り切れるかどうかを表示する関数を作成してください．

5・2　利用者が入力した辺の長さから三角形の面積を求める関数を作成してください．与えられた 3 辺の長さから三角形が描ける場合にのみ，面積を計算するようにしてください．

5・3　正の整数を仮引数として受取り，それが素数か合成数かを表示する関数を作成して動作を確かめてください．

5・4　三つの数値を入力として受取り，最小値から最大値まで順番に並べる関数を作成してください．

5・5　平面座標を二つ与えたときに，2 点を通る直線の傾きを求める関数を作成してください．さらに，その直線の傾きが増加か減少か，それとも直線が水平または垂直かも判定してください．

エラーと例外の処理

　この章の目的は、自分や利用者が安心して使えるように、エラーのないアプリケーションやシステムをつくることです。

　この章では次の内容を学びます。

▶ バグとデバッグ

▶ エラーとは何か

▶ 例外とは何か

▶ バグを見つけて駆除するためのコツ

　Julia の学習が初級段階を終えたところで、まずはバグ（bug）を追跡し、徹底的に潰すための簡単な手引きをご紹介しましょう。

6・1　バグとデバッグ

　その前に、**バグ**（bug）とは何でしょう。虫の一種でしょうか。ある意味ではそうでもあり、そうでもありません。コンピューターの歴史の中で、バグという言葉は、当時の電気機械式計算機の中に蛾が入り込んで潰れてしまい、コンピューターが動かなくなったことから生まれました。コンピューターが動かなくなったので、バグ（虫）を発見して取除き（**デバッグ** de-bug）、表面をきれいにして、再び動作するようにしたのです。この出来事は大きな反響を呼び、それ以来、コンピューターにおけるバグという言葉は、エラーや失敗、間違った動作などをさすようになりました。

　まずは基本的なことから始めましょう。コードを書くときに直面する問題は、大きく分けて 3 種類あります。

　1. エラー（error）　これは、Julia が見つけ出したコードの問題で、プログラムはコンパイルされず、ひいては実行されないことを意味します。

2. 例外（exception）　　実行時に発生する事態に依存する問題です．したがって，コードのコンパイル時に発見できません．これらを適切に処理しないと，アプリケーションが異常終了する可能性があります．

3. 不具合（グリッチともいう，glitch）　　意図しない，または，正しくない機能を提供した場合に発生する問題です．これらは通常，アルゴリズムの見落としやコードの欠落が原因です．

この章では，不具合については触れず，エラーと例外を説明します．

6・2　エラーとは何か

エラーとは，識別可能な，Julia がコードを正しく理解できないような明白なコードの問題です．たとえば，次のコードを見てみましょう．

リスト6・1　addstrings.jl

```
1   println("1" + "4")
```

出力は，どうなるべきでしょうか．注意していないと "5" と予想するでしょう．実際にこのコードを実行すると，エラーが発生します．具体的には，次のような出力が得られます．

エラーの発生: リスト6・1の実行結果

```
ERROR: MethodError: no method matching +(::String, ::String)
Closest candidates are:
  +(::Any, ::Any, ::Any, ::Any...) at operators.jl:502
Stacktrace: [1] top-level scope at none:0
```

メソッドエラーが発生しました．MethodError: no method matching error は，メソッド（関数や演算子の総称）を呼び出そうとしたが，そのようなメソッドが存在しないことを意味します．今回は "+" メソッドを呼ぼうとして，二つの文字列を渡しました．しかし，それらのデータを扱う "+" というメソッドがないため，Julia はどうしたらよいかわからず，修正する必要があると知らせてきました．

このため，Julia はあなたのコードをコンパイルできず，エラーが発生します．エラーを解決するのはそれほど難しくありません．Julia はエラーが発生する場所を示し説明も加えるので，あなたはその原因となった見落としを修正するだけです．エラーによってアーキテクチャ上の包括的な問題が浮き彫りになることも

あり，それがデータ構造の強化につながることもあります.

　エラーを修正する練習をするために，いくつかのエラーを含む簡単なアプリケーションをつくり，一つずつエラーを修正していきましょう. prime_number_checker.jl というファイルを開き，次のコードをタイプします.

リスト6・2 prime_number_checker.jl

```
1  function prime_number_checker(x:::Int64)::Bool
2      for y in 1::x
3          if x % y == 0 && y != 1 && y != x
4              return false
5
6          end
7      end
8      return true
9  end
10 println(prime_number_checker(4))
11 println(prime_number_checker(17))
```

　これは，仮引数として取得した整数が素数か合成数かを調べるための関数です. このプログラムは，その数字が素数なら真 true を，合成数なら偽 false を出力することが期待されます.

　まず，出力を予測してみましょう. 4 は素数ではなく，17 は素数なので，次のような出力が得られるはずです.

```
false
true
```

　しかし，実際には，次のような出力が得られます.

エラーの発生：リスト6・2の実行結果

```
1  ERROR: LoadError: ArgumentError: invalid type for argument
     x in method definition for prime_number_checker at
     /Users/tanmaybakshi/prime_number_checker_errors.jl:1
2  Stacktrace:
3   [1] top-level scope at none:0
4   [2] include at ./boot.jl:326 [inlined]
5   [3] include_relative(::Module, ::String)
```

```
      at ./loading.jl:1038
6   [4] include(::Module, ::String) at ./sysimg.jl:29
7   [5] exec_options(::Base.JLOptions) at ./client.jl:267
8   [6] _start() at ./client.jl:436 in expression starting at
      /Users/tanmaybakshi/prime_number_checker_errors.jl:1
```

　今まで見たことのないエラーなので，かなり意味不明なエラーメッセージに見えますが，何が問題なのか見てみましょう．1行目の末尾に，このエラーは1行目で発生すると書かれています．その行を見てみましょう．

prime_number_checker_2.jl　リスト6・2の1行目を再掲

```
1   function prime_number_checker(x:::Int64)::Bool
```

　エラーの箇所がわかりましたか．xの型を表明するのにコロンを二つ（::）ではなく，間違って三つ（:::）書いています．それを修正して，もう一度実行してみましょう．今度は，次のような出力が得られます．

エラーの発生：リスト6・2の1行目を修正したコードの実行結果

```
1   ERROR: LoadError: TypeError: in typeassert, expected Type,
      got Int64
2   Stacktrace:
3    [1] prime_number_checker(::Int64) at
      /Users/tanmaybakshi/prime_number_checker_errors.jl:2
4    [2] top-level scope at none:0
5    [3] include at ./boot.jl:326 [inlined]
6    [4] include_relative(::Module, ::String)
      at ./loading.jl:1038
7    [5] include(::Module, ::String) at ./sysimg.jl:29
8    [6] exec_options(::Base.JLOptions) at ./client.jl:267
9    [7] _start() at ./client.jl:436 in expression starting at
      /Users/tanmaybakshi/prime_number_checker_errors.jl:10
```

　おかしいですね．では，そのエラーを修正してみましょう．今度は最後の行ではなく，[1]で始まる3行目を見てください．

エラーメッセージの一部（3行目）

```
3    [1] prime_number_checker(::Int64) at
      /Users/tanmaybakshi/prime_number_checker_errors.jl:2
```

　上の行の末尾に，2 行目でエラーが発生したと書いてあります．2 行目を見ましょう．

prime_number_checker.jl　リスト 6・2 の 2 行目を再掲

```
2    for y in 1::x
```

　キーの打ち間違いでしょうか，また同じような問題が発生しました．1 の後にコロンが二つ（::）ありますが，一つだけのはずです．ここでは範囲を定義しようとしているのです．型を主張しようとしているのではありません．コロンを一つに修正して，コードを実行すると，次のような出力が表示されるはずです．

```
false
true
```

　ようやく，prime_number_checker が動きました．
　ここまでは単純なエラーの例でした．エラーの診断は難しい場合もありますが，例外に比べれば比較的簡単です．

6・3 例外とは何か

　例外とは，実行時に計算された値に応じて捕捉されるような問題の一種です．たとえば，利用者が外部入力したテキストを整数に変換しようとしたとします．利用者の入力が −5，36，2019 などの整数の場合は，整数に変換できます．しかし，利用者の入力が "hello" などの整数ではない場合は，整数に変換できません．とはいえ，利用者が入力する以前に，そのような事態を Julia は予測できません．このような場合に例外が発生します．
　例を見てみましょう．prime_number_checker_v2.jl という新しいファイルを開き，次のコードを打ち込みます．

リスト 6・3　prime_number_checker_v2.jl

```
1    function prime_number_checker(x::Int64)::Bool
2        for y in 1:x
3            if x % y == 0 && y !=1 && y != x
4                return false
5            end
6        end
```

```
7        return true
8    end
9
10   print("整数を入力してください: ")
11   user_input = convert(Int64, readline())
12   if prime_number_checker(user_input)
13       println("素数です")
14   else
15       println("素数ではありません")
16   end
```

これはかなり単純なコードで，実行してみると完璧に動作するようです．

リスト 6・3 の実行結果 1

整数を入力してください: 2173
素数ではありません

では，このプログラムが意図していなかった文字列を入力してみましょう．数字の代わりに数字ではない単語を入力します．

リスト 6・3 の実行結果 2

```
1    整数を入力してください: Julia
2    ERROR: LoadError: ArgumentError: invalid base 10 digit 'J'
      in "Julia"
3    Stacktrace:
4     [1] tryparse_internal(::Type{Int64}, ::String, ::Int64,
      ::Int64, ::Int64, ::Bool) at ./parse.jl:131
5     [2] #parse#348(::Nothing, ::Function,
      ::Type{Int64}, ::String) at ./parse.jl:238
6     [3] parse(::Type{Int64}, ::String) at ./parse.jl:238
7     [4] top-level scope at none:0
8     [5] include at ./boot.jl:326 [inlined]
9     [6] include_relative(::Module, ::String)
      at ./loading.jl:1038
10    [7] include(::Module, ::String) at ./sysimg.jl:29
11    [8] exec_options(::Base.JLOptions) at ./client.jl:267
12    [9] _start() at ./client.jl:436 in expression starting at
      /Users/tanmaybakshi/prime_number_checker_errors.jl:11
```

　ここで例外が発生しました．エラーとは異なり，コードが直接の原因ではなく，利用者からの入力が原因です．しかし，エラーを修正するためにコードを書き換えることできても，例外を修正するために利用者の入力を制限できません．このような不測の事態に備えて，計画を立てる必要があります．

　そのためには，try/catch ブロックを使用します．try/catch ブロックは，コードが何かをしようとして失敗した場合に，代わりに他のコードを実行することを可能にします．リスト 6・3 の 10 行目以下は次のように書けます．

> **リスト 6・4**　prime_number_checker_with_try_block.jl
> リスト 6・3 の 10 行目以降を修正

```
10  try
11      print("整数を入力してください: ")
12      user_input = parse(Int64, readline())
13      if prime_number_checker(user_input)
14          println("素数です")
15      else
16          println("素数ではありません")
17      end
18  catch
19      println("整数ではありません")
20  end
```

　ご覧のように，先ほどのコードを try ブロックの中に入れています．このあとに catch ブロックを置きます．この catch ブロックは，try ブロック内で例外が発生し，その実行が中断された場合にのみ実行されます．catch ブロックの役割はただ一つ，利用者に整数を入力しなかったと伝えることです．ただし，try ブロックで例外が発生しなかった場合は，catch ブロックは実行されません．

　これで，数字を入力すれば，正しい出力が得られるはずです．

リスト 6・4 の実行結果 1

```
整数を入力してください: 17
素数です
```

　しかし，文字列を指定した場合でもアプリケーションは異常終了せずに，何か間違ったことをしたことを知らせてくれます．

リスト6・4の実行結果2

> 整数を入力してください：ㅤJulia
> 整数ではありません

これで完了です．例外処理に成功しました．

6・4　バグを見つけて駆除するためのコツ

アプリケーションやシステムにバグがないと仮定するのは正しくありませんが，プログラマーの仕事は，可能な限り，既知の大きな問題がないアプリケーションをつくることです．ソフトウェアの専門家は，アプリケーション作成の各段階で，エラーの発見と修正，例外への対応のために作業とテストを繰返します．虫は手が届きにくいため，取除くのが難しい場合があります．コードのどこが正しく動作していないのかを知るために，デバッグ技術を使用します．

最近，Julia は本物のデバッグ技術を備えた Debugger.jl パッケージを提供しました．これは大変便利で，変数の検査やブレークポイントなどの機能があります．しかし，今は単純に，昔ながらの方法でデバッグをしてみましょう．println() や readline() を使って一時停止して，変数の状態を調べて，何がどこで問題になっているのかを知ることができます．しかし，実際にはこれが最善の解決策ではないことが多いことを覚えておいてください．この本を読んだら，本当のデバッグ技術についてもっと調べてみてください．

目の前に明らかなエラーがあるにもかかわらず，それをすぐに見つけられないことがあります．

次のコード findthebug.jl を見てみましょう．初見でバグを捕まえられますか．

リスト6・15 findthebug.jl

```
1  function prime_number_checker(x::Int64)::Bool
2      for y in 1:x
3          if x % y == 0 && y != 1 && y != x
4              return false
5          end
6      end
7      return true
8  end
```

```
 9
10    print("整数を入力してください: ")
11    user_input = convert(Int64, readline())
12    if prime_number_checker(user_input)
13        println("素数です")
14    else
15        println("素数ではありません")
16    end
```

　このプログラムのバグにたどり着いてもらえれば幸いです．見つけられない場合は，次のコマンドでコンパイルしましょう．

実行

```
julia findthebug.jl
```

　Julia のコンパイラは，バグにたどり着き，修正を加えられる行のヒントを与えてくれます．

　例外の原因はこの例以外にもあります．たとえば，整数を 0 で割った余りを求めようとすると例外が発生します．これはもちろん整数を 0 で割ることができないためです．どの電卓を使っても計算エラーとなります．

　例外に関しては，while ループの使用にも注意してください．for ループとは異なり，ループ制御変数の増減に当たる操作はプログラマーの責任で行うことになります．それを行わなかったり，間違っていたりすると，論理エラーになることがあります．これは，コンパイラやコンピューターでは検出されず，OS のメモリ制限によりアプリケーションが異常終了する可能性が高いです．

　この本では，アプリケーションのデバッグ方法については，これ以上深くはふれません．この章で学んだことは，簡単なデバッグを行うのに十分なものです．Julia のマニュアルやより高度な情報源から例をあげて学ぶことができます．

練 習 問 題

6・1　エラーと例外を，それぞれ説明してください．さらに，それぞれのコード例を作成してください．

6・2 次のプログラムが動作しないのは，なぜですか.

リスト6・6   q06_02.jl

```julia
function factorial(x::Int64)::Int64
    return x * factorial(x - 1)
end
println(factorial(10))
```

6・3 次のプログラムは，ある人が書いた 1 から 5 までの数字を表示するコードですが，数字が表示されず，エラーメッセージが表示されます．問題を見つけて解決するのを助けてください．作者は while ループを使う必要があるので，while ループを for ループに変更してはいけません.

リスト6・7   q06_03.jl

```julia
ctr = 1
while true
    if ctr = 6
        break
    else
        println(ctr)
        global ctr += 1
    end
end
```

7 パッケージ管理

"パッケージ管理"の章へようこそ．本書の中級段階の最後の章です．次の第8章からの上級段階に進む前に，"してはいけないこと"をまず理解しなければいけません．

この章では，次の内容を学びます．

▶ REST API とは
▶ パッケージのインストールと使用方法
▶ マルチプロセッシングと Julia での使用方法
▶ Julia 内で，他言語で書かれたコードを呼び出す

"してはいけないこと"とは，"車輪の再発明（reinventing the wheel）"です．

"車輪の再発明"とは，"自分で何かをするのに，すでにあるものに時間をかけるべきではない"という意味の有名な言葉です．車輪を自分でつくるよりも，すでにある車輪の方がおそらくよくできているのです．車輪の再発明の話が，Julia のプログラミングとどのような関係があるのでしょうか．

技術の世界では，複雑な機能を必要とする手順やアプリケーションが多くあります．たとえば，Julia のコードから直接誰かにメールを送る必要がある場合は，どうでしょうか．利用者のために音楽を再生したい場合はどうしますか．利用者に数値を入力させて，それをグラフにプロットしたいとしたらどうでしょうか．

このような機能は，動く部分が多く，一から実装するのは大変な作業で，結局は必要なものが手に入らないこともあります．最悪なのは，一つのアプリケーションの中で特定の部分に機能を実装してしまい，他のアプリケーションを書くときにその使い方を一般化することが難しいという場合です．

そこで登場するのがパッケージです．Julia のパッケージの力を借りれば，自

分が書いたコードを共有することも，他の人が書いたコードを自分のアプリケーションで活用することも簡単にできるようになります．

　たとえば，前述のグラフ描画の例を考えましょう．もし，自分でプロットのコードを書くとしたら，アプリケーションに特化した単純なものをつくるのに数時間はかかるでしょう．より一般的で使いやすいものにするには，数日かかるでしょう．しかし，すでに Plots.jl というパッケージが提供されており，これを使えば，自分でコードを書くことなく，すべての機能を利用できます．さらに，Plots.jl はオープンソースなので，Plots.jl を構成するすべてのコードを無料で入手できます．

　考えてみてください．このような機能を自分でつくり直すのと何百人もの人が慎重につくった既存のパッケージを利用し，必要に応じてパッケージ自体に貢献してよりよいものにするのと，どちらがいいでしょうか．

　その答えは明白でしょう，これから，パッケージをどのように使うかを見ていきましょう．ここでは "数字の豆知識（トリビア，trivia）" を例に説明します．最初に，http://numbersapi.com を Web ブラウザで閲覧してください（図7・1）．

　ご覧のように，数字に関する豆知識を表示します．既定では，たとえば，"42 is the number of kilometers in a marathon" のように表示します．Web ブラウザを再読み込みするたびに，新しい数字の豆知識を表示します．

```
215 is the Dewey Decimal Classification for Science and religion.
3000000000 is the number of base pairs in the human genome.
58 is the number of usable cells on a Hexxagon game board.
168 is the death toll of the 1995 Oklahoma City bombing.
400000 is the number of morphine addicts the Civil War produced.
90000 is the average number of hairs that redheads have.
9 is the number of circles of Hell in Dante's Divine Comedy.
Infinity is the number of universes in multiverse theory.
80 is the length (years) of the Eighty Years' War (1568–1648).
10000000000000000000 is the estimated insect population.
2701 is a plot triviality in Neal Stephenson's "Cryptonomicon".
4e+185 is the number of planck volumes in the observable universe.
140 is liters of water needed to produce 1 cup of coffee.
8674 is the number of unique words in the Hebrew Bible.
3500000000000 is the estimated population of fish in the ocean.
361 is the number of positions on a standard 19 x 19 Go board.
179 is the rank of Estonia in world population density.
172000 is tons of chocolate produced in Belgium in a year.
255 is the largest representable integer in an unsigned byte.
45 is the sapphire wedding anniversary in years of marriage.
45 is the sapphire wedding anniversary in years of marriage.
3 is the number of witches in William Shakespeare's Macbeth.
```

図7・1　numbersapi.com から得られる豆知識

7・1　REST API とは

　しかし，どうやってウェブページに豆知識を表示させているのでしょうか．こ
れは，アプリケーション・プログラミング・インターフェース（application
programming interface, API）というものを使用しています．その名前から何
をしているのか，何に使うのかは想像がつくかもしれませんが，基本的にはプロ
グラマーが仕事をしやすくするために使うインターフェース（境界面）です．こ
の API はインターネット上にあるため，REST API とよばれています．REST
とは representational state transfer の略です．この本ではこれ以上深く掘り
下げないので，意味を気にする必要はありません．

　これを実演するために，あなたの Web ブラウザで，次のリンク http://
numbersapi.com/random/trivia を閲覧してください．

　その Web ページを閲覧すると，真っ白な感じのページが出てきて，左上に小
さくテキストが書かれています．そのテキストは，乱数に関する豆知識のような
ものになっているはずです．

　あなたの課題は，Web ページからテキストを取込んで，利用者に表示させる
Julia アプリケーションを作成することです．これには，REST API を"呼び出
す"または"使用する"ことができるパッケージが必要です．

　具体的には，HTTP というパッケージを使うことになります．しかし，パッ
ケージを使用する前に，まずパッケージをインストールしなければなりません．

7・2　パッケージのインストールと使用方法

　そこで，第 1 章で説明したように，"Julia の REPL"を開きます．念のため
に説明すると，REPL（リープルと発音します）は，利用者がコマンドを入力し，
その結果をすぐに表示できる対話環境です．read-evaluate-print loop の頭文
字からなる略号です．

　Pkg パッケージをインストールするには，次の行を入力します．

```
using Pkg
```

　キーワード using は Julia にパッケージを**インポート**（import）するように
指示します．名前 Pkg はインポートしたいパッケージの名前です．Pkg パッケー
ジを使うと，いろいろなパッケージをインポートできます．

　キーワード using を指定してパッケージをインポートすると，そのパッケー
ジが**エクスポート**（export）する関数をすべてインポートします．たとえば，

Pkg パッケージには，パッケージをインストールするための add という関数が
あります．次のように入力しましょう．

```
add("HTTP")
```

　そうすると，HTTP パッケージをインポートするはずです．いえ，インポート
しませんでしたね．add 関数が存在しないというエラーメッセージが表示され
ました．これは，Pkg パッケージが add 関数をエクスポートしていないからで
す．そのため，add 関数を使用したい場合は，次の 2 行のコードを打ち込みま
す．

```
using Pkg:add
add("HTTP")
```

　あるいは，次の一行だけでもよいです．

```
Pkg.add("HTTP")
```

　どちらも同じ結果が得られます．指定したパッケージをインストールするはず
です．最初の方法では，パッケージ Pkg から add 関数をインポートするように
Julia に指示します．この方法は，Pkg パッケージが add 関数をエクスポートし
ていなくても実行できます．2 番目の方法では，Julia にパッケージから add 関
数を直接呼び出すように指示します．
　図 7・2 のスクリーンショットは，Pkg に HTML パッケージをインストールす
るように命令したときの様子を示しています．
　どちらかの方法を実行したら，パッケージがインストールされるのを待ちま
す．次のような出力が表示されるでしょう．

```
Resolving package versions...
 Installed Inifile  --  v0.5.0
 Installed MbedTLS  --  v0.6.8
 Installed HTTP -- -- -- -- v0.8.0
  Updating '~/.julia/environments/v1.1/Project.toml'
  [cd3eb016] + HTTP v0.8.0
  Updating '~/.julia/environments/v1.1/Manifest.toml'
  [cd3eb016] + HTTP v0.8.0
```

```
[83e8ac13] + Inifile v0.5.0
[739be429] + MbedTLS v0.6.8
Building MbedTLS --
'~/.julia/packages/MbedTLS/X4xar/deps/build.log'
```

図7・2　HTTP パッケージのインストールの様子

まだ Julia を終了しないでください．REPL を終わる前に見せたいものがあります．REST API が複雑に聞こえるのはわかっていますが，次の 2 行相当のコードを打ち込んでください．

```
1  using HTTP
2  println(String(
3      HTTP.get("http://numbersapi.com/random/trivia").body))
```

すぐに結果が得られます．画面の下の方に，数字の豆知識を表示するはずです．もう少し説明しましょう．

- 最初の行は，HTTP ライブラリを現在の実行環境にインポートします．
- 次の行は，豆知識 API の URL を HTTP.get 関数に渡し，レスポンスの"body"部分を取出します．そして，その body を String 関数に渡します．String 関数は，API レスポンスを文字列に変換し，それを表示します．

では，上の命令をもう少し面白くしてみましょう．たとえば，あなたが生まれた年（私の場合は 2003 年）についての豆知識を知りたいとします．次のように入力します．

```
4  println(String(
5      HTTP.get("http://numbersapi.com/2003/trivia").body))
```

すると，次のような文字列が得られます．

```
2003 is an unremarkable number.
```

いずれにしても，2003 年の豆知識はまだありませんので，目立たない存在です．しかし，もしかしたら，あなたの誕生年には何か面白いことがあるかもしれません．REPL を終了するには [control-d] を押してください．

numbertrivia.jl という新しいファイルを開き，次のコードを打ち込んでください．

リスト 7・1 numberTrivia.jl

```
1  using HTTP
2  print("豆知識が欲しい数字(またはrandom): ")
3  url = "http://numbersapi.com/$(readline())/trivia"
4  println(String(HTTP.get(url).body))
```

これだけであなたはコードを実行できるようになりました．次のようなプロンプトが表示されるはずです．

豆知識が欲しい数字（またはrandom）:

randomと入力して［Enter］キーを押します．すると，ランダムな豆知識を表示します．数字を入力してから［Enter］キーを押してもよいです．その数字に豆知識があれば，それを表示します．

実際に遊んでみましょう．randomと入力すると，このような豆知識が表示されました．

69 is the atomic number of thulium, a lanthanide.

図7・3は私の実行結果を二つ示しています．

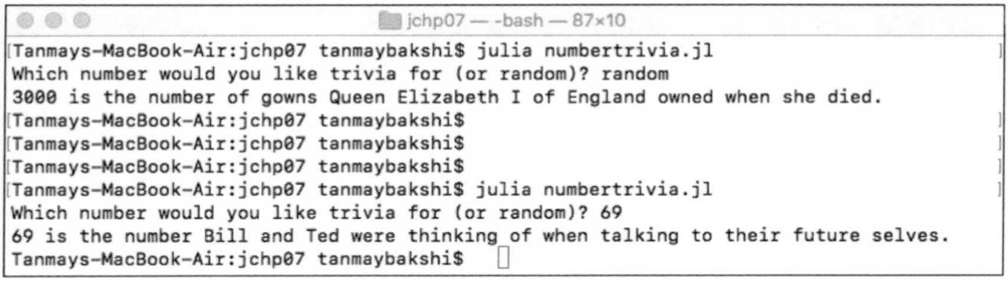

図7・3　numbertrivia.jl プログラムを2回実行した結果

これで完成です．パッケージを使った初めてのアプリケーションができました．また，Julia に標準で付属し，Julia の"標準ライブラリ（standard library）"にはない追加機能を提供するパッケージもあります．

TANMAY が説明しましょう

Q: ちょっと待ってください，"標準ライブラリ"って何ですか．

A: Julia の"標準ライブラリ"は，Julia プログラミング言語の一部として提供されている機能です．この機能を利用するためにパッケージを使用する必要はありません．標準ライブラリは通常 stdlib と短縮されます．stdlib には，たとえば，文字列，配列，辞書，map 関数などが含まれます．

7・3　マルチプロセッシングと Julia での使用方法

　これから，一つのタスクの一部や多数の個別タスクを異なるプロセッサに分散
させ，その結果を収集して時間短縮という効率化を実現する方法を紹介します．
ここでは，その概念を理解するために簡単な例を使って説明し，その後，
numbertrivia.jl プログラムに適用して，動作がどのように異なるのかを感じ取っ
てもらいます．

　まず，Julia を使って比較的複雑な**分散コンピューティング**（distributed
computing）をしたいと考えています．そのためのパッケージがあります．分
散コンピューティングの導入方法を説明する前に，"分散コンピューティングと
は何か"という疑問が頭をよぎるでしょう．

　Julia は特別な言語なのです．そのおもな目的は，科学的・数学的コンピュー
ティングの業界に寄与することです．これらの分野では，計算は非常に速く行わ
れなければならず，長い目で見て時間を大幅に節約するためには，数ミリ秒の誤
差も許されません．Julia には，他の多くの言語ではできないような高速処理を
可能にするいくつかのパッケージがあります．

　たとえば，Distributed というパッケージがあります．これを使うと別々の
コードブロックを同時に実行できます．分散コンピューティングは決して新しい
概念ではなく，Julia に限った概念でもありません．すべての主要なプログラミ
ング言語は，たくさんのコードを一度に実行する方法を少なくともいくつかもっ
ていますが．Julia はそれをより効率的に，プログラマーにとっても簡単にして
くれます．

　では"コンピューターが複数のことを同時に行う"という概念を説明しましょ
う．

　注意: 次の段落から始まる説明はマルチスレッド（multi-threading）ではな
く，マルチプロセッシング（multi-processing）の説明です．両者の違いを理
解する必要はありませんが，より高度な段階の読者にとっては，この情報は役に
立つでしょう．

　コンピューターでも時間がかかることをやろうとします．ここでは単純に，一
つの豆知識を得るのに 5 秒かかるとします．利用者は，10 個の豆知識を求めて
います．そのためにかかる時間を次のように見積もることができます．

　5（豆知識 1 件あたりの秒数）× 10（豆知識の数）= 50（合計時間の秒数）

50 秒かかることになります．長いですね．その 10 個の豆知識を一度に入手できると仮定しましょう．あなたの CPU が単一の処理ユニットではなく"コア (core)"に分割されていれば，これが可能です．

あなたの CPU がコアに分割されているかを調べてみましょう．

たとえば，Linux マシンを使用している場合，コマンドラインに次の命令を打ち込みます．

```
nproc
```

macOS を使用している場合は，次の命令を打ち込んでください．

```
sysctl hw.logicalcpu
```

Windows の場合は，コマンドプロンプトに次の命令を入力します．

```
echo %NUMBER_OF_PROCESSORS%
```

これらのオペレーティングシステムでは，上の命令を実行すると数字が返ります．

> 注意: 本節の説明は，単純化したマルチプロセッシングの説明です．上で得られた数よりも多くのプロセス（process）を実行できますが，その場合，CPU がプロセスを切替えないといけないので，実行性能が悪くなります．

上記のコマンドから得られる数字は，コンピューターが同時に効率的に実行できるプロセスの数です．nproc（プロセッサの数），hw.logicalcpu（論理 CPU 数），NUMBER_OF_PROCESSORS（プロセッサの数）などのように，命令の字面が示すとおりです．

コンピューターが実行できるプロセスは多ければ多いほどよいです．性能が低いコンピューターは二つのコア（まれに一つの場合もあります），中性能のコンピューターは四つのコア，高性能のコンピューターは八つのコアを通常もちます．さらに，もっと多くのコアを搭載できるコンピューターもあります．32 コアの CPU を二つ搭載した高価なサーバーは，合計で 64 コアをもちます．

2017 年以降の Intel CPU を搭載している場合は，**ハイパースレッディング** (hyper-threading) とよばれる技術の恩恵を受けることもできます．ハイパースレッディングでは，物理コアが四つしかない CPU でも，八つの論理コアのように動作します．64 個の物理コアがあれば，128 個の論理コアのように動作します．

　macOS の `hw.logicalcpu` 命令は，論理コアの数を返します．たとえば，四つの物理コアをもつ Intel CPU を搭載した macOS マシンでも，8 と表示されれば，八つの論理コアのように動作します．

　説明はこの程度にして，早速実装してみましょう．まず，簡単な for ループを見てみましょう．

リスト 7・2 squares_for.jl

```
1  for i in 1:10
2      println(i * i)
3  end
```

　上を実行すると，次のような出力が表示されるはずです．

リスト 7・2 の実行結果

```
1
4
9
16
25
36
49
64
81
100
```

　単純ですね．ここで，これらの値を同時に計算して表示したいとしましょう．次のようにすればよいのです．

リスト 7・3 squares_distributed_for.jl

```
1  using Distributed
2  addprocs(8)
3  @sync @distributed for i in 1:10
4      println(i * i)
5  end
```

　実際，上のコードで結構です．冗談は言っていません．そのコードをすべてのプロセスに入れたのです．

　最初の 3 行のコードを少し深く掘り下げてみましょう．

- 1 行目は，Distributed パッケージをインポートします．これは Julia での
マルチプロセッシングを容易にする機能を提供します．
- 2 行目では，八つのプロセスを追加します．つまり，Julia のコードに含まれ
る特定の適格な演算を八つの部分に分け，コンピューターの八つの部分に与
え，それらを同時に実行することになります．これで 8 分の 1 程度の時間で
完了します．コア数が 8 ではない場合は，先に実行した命令の出力に合わせ
て，この数を調整してください．
- 3 行目は，シングルプロセス版とほとんど同じです．ただ一つだけ違う点があ
ります．これは，Julia に，この for ループをコンピューターのすべての論理
コア上のワーカー（worker，個々のプロセス）に分散させ，処理を同期させ
ることを指示しています．**同期**（synchronization）とは "処理が完了するま
で待ってから次の処理を行う" という意味です．

> 注意: @distributed などの "@" で始まる記号はマクロとよばれます．この
> 本では，マクロを詳しく理解する必要はありませんがマクロは，Julia のコード
> を別のように動作させるための簡単な方法です．

　上のコードを実行すると，次のように表示されるはずです（あなたの実行環境
では，表示が異なる可能性があります）．

リスト 7・3 の実行結果

```
From worker 3: 9
From worker 3: 16
From worker 2: 1
From worker 7: 64
From worker 6: 49
From worker 8: 81
From worker 4: 25
From worker 5: 36
From worker 9: 100
From worker 2: 4
```

　ご覧のように，おもな違いは二つあります．出力が順番になっていないこと，お
のおのの出力結果の前に "From worker" というテキストが出力されたことです．
　説明しましょう．まず，結果が順番通りにならなかったのは，ほとんど同時に
実行された演算が，実際には数分の 1 秒のランダムな遅れを伴って実行された

からです．そのため，ある演算結果が最初に，別の演算結果が最後に出力された
のです．また，"From worker"というテキストが表示されたのは，それぞれ
のプロセスからの表示を他のプロセスからの表示と確実に衝突しないようにする
必要があるからです．もし，二つのプロセスが同時に表示すると，それらのメッ
セージが混ざってお互いに破損してしまう可能性があります．そこで，Julia は
このようなことが起こらないようにすると同時に，どのワーカー（プロセス）が
結果を出力したかを教えてくれます．

　for ループが分散実行できると同様に，map 関数も pmap 関数（parallel map）
を使って分散実行できます．

　まず，map 関数の動作例を見てみましょう．

リスト 7・4　squares_map.jl

```
1    squares = map(x -> x * x, 1:10)
     println(squares)
```

　上を実行すると，次のような出力が得られるはずです．

リスト 7・4 の実行結果

```
[1, 4, 9, 16, 25, 36, 49, 64, 81, 100]
```

　同様に，pmap 関数を使うこともできます．

リスト 7・5　squares_pmap.jl

```
1    using Distributed
2    addprocs(8)
3    squares = pmap(x -> x * x, 1:10)
4    println(squares)
```

　上を実行すると，次のような出力が得られるはずです．

リスト 7・5 の実行結果

```
[1, 4, 9, 16, 25, 36, 49, 64, 81, 100]
```

　ちょっと待ってください．同時に実行すると，ばらばらの順序で返されるので
はないでしょうか．違います．for ループを使う場合，順番はばらばらになりま
す．しかし，pmap 関数は，結果の順序が引数の順序と同じになることを保証し
ながら，演算を並列に実行します．

　また，複数のプロセスでコードを実行できるからといって，常に複数のプロセスでコードを実行すべきではないという点にも注意が必要です．10 個の数字の2 乗を求めるだけなら，複数のプロセスで実行すると実際には遅くなります．この理由は，なぜならコンピューターは，単純に 2 乗演算を行うだけでなく，ワーカーの管理，処理の分配，結果の収集，表示などを行う必要があるからです．

　for ループや map 関数のコードブロックが複雑で，実行に時間がかかるような場合は，通常，複数のプロセスで実行する価値があります．しかし，それ自体は決まり事ではなく，コードの内容や実行する処理によって異なります．

　練習問題として，利用者にランダムな豆知識を同時に取得するアプリケーションをつくってみましょう．次のコードになります．

リスト 7・6　numbertrivia_with_pmap.jl

```julia
1  using Distributed
2  addprocs(8)
3  @everywhere using HTTP
4  @everywhere url = "http://numbersapi.com/random/trivia"
5  trivia = pmap(x -> String(HTTP.get(url).body), 1:10)
6  for fact in trivia
7      println(fact)
8  end
```

　このコードの大部分は理解できるはずですが，@everywhere という新しいマクロが出てきました．@everywhere マクロでは，このコードのすべてのプロセスが，定義済のオブジェクト（HTTP などのパッケージや url などの変数）を利用できるようにすることを Julia に伝えています．

　これで，次のような出力が得られるはずです．

リスト 7・6 の実行結果

```
20 is the number of questions in the popular party game
Twenty Questions.
3585 is the depth in meters of the deepest mine in the
world, the East Rand. mine.
100000000000000 is the number of cells in the human body, of
which only.10^{13} are human. The remaining 90% non-human
cells are bacteria.
10 is the number of Provinces in Canada.
```

```
1000000000000000000000 is the of rate of hyperinflation in
Zimbabwe by February 2009.
10000 is the number of other neurons each neuron is
connected to in the human brain.
451 is the temperature at which the paper in books ignites,
giving the name. to Ray Bradbury's novel Fahrenheit 451.
81 is the number of stanzas or chapters in the Tao te Ching
(in the most common arrangements).
256 is the number of NFL regular season football games.
172000 is tons of chocolate produced in Belgium in a year.
```

　パッケージとマルチプロセッシングを使って複雑なアプリケーションを作成できました.

7・4　他言語からのコード呼び出し

　ご覧の通り, Julia は汎用性の高い言語です. さまざまな複雑な機能を備えながらも, 簡潔で読みやすく, 非常に効率的です. しかし, 他の言語と同じようにすべてのことができるわけではありません. このような理由から, Julia は, Julia コード内から他の言語を呼び出すことができます. このような機能を提供する言語は驚くほど少ないのです. Julia 内から使用できる, 最も一般的な言語は次のものです.

- C / C++
- Fortran
- Python 2 と Python 3

　C や Fortran はかなり複雑ですが, Python はかなり簡潔です. そこで, Julia から Python のコードを呼び出す簡単な例をご紹介し, その可能性をご理解いただきたいと思います.
　まず, REPL を開いて, 次のコードを実行することから始めます.

リスト 7・7　PyCall パッケージのインストール

```
import Pkg
Pkg.add("PyCall")
```

　これにより, PyCall パッケージをインストールします. PyCall パッケージ

は，Julia 内から Python コードを呼び出すための機能を提供するパッケージです．

　そして，pythonic_factorial.jl という新しいファイルを作成し，次のコードを打ち込みます．

リスト7・8　pythonic_factorial.jl

```
1   using PyCall
2   function factorial_jl(x::Int64)::Int64
3       if x == 1
4           return 1
5       end
6       return x * factorial_jl(x - 1)
7   end
8   py"""
9   def factorial_py(x):
10      if x == 1:
11          return 1
12      return x * factorial_py(x - 1)
13  """
14  factorial_py(x) = py"factorial_py"(x)
15  println("Juliaで計算した階乗の値= $(factorial_jl(7))")
16  println("Pythonで計算した階乗の値= $(factorial_py(7))")
```

　上のコードの中段は，Python のプログラミング経験がない人にとっては，あまり馴染みがないでしょうが，少しは意味を推測できるでしょう．基本的には，新しい Python 関数 factorial_py を作成します．この関数は引数 x を受取り，x が 1 なら 1 を返します．そうでない場合は，factorial_py(x-1) に x を乗じた値を返します．Python の関数を 1 行の Julia 関数で**包み込んで**（wrap，ラップして）呼び出しやすくしています．

　Python のコードは，二重引用符三つ（"""）の対に囲まれた複数行文字列の中に書かれています．複数行文字列を始める二重引用符三つの直前におかれた py の二文字は，この文字列が Python のコードであると Julia に伝えます．（改行しない，二重引用符の対に囲まれた）1 行文字列を始める二重引用符の直前に py の二文字をおいても，同じ意味になります．

　このコードを実行すると，次のように表示されるはずです．

リスト 7・8 の実行結果

```
Juliaで計算した階乗の値= 5040
Pythonで計算した階乗の値= 5040
```

うまくいきました.

ここまでで,パッケージを使うだけでなく,次のようなアプリケーションもつくりました.

- 数字の豆知識を取得する
- マルチタスクで簡単な方法で 2 乗を計算する
- マルチプロセッシングを利用して,同時にたくさんの数字の豆知識を取得する
- Julia 内から Python コードを呼び出す

次の章では,アプリケーションのデータを永続化する方法を紹介します. これで本書の最終段階に入ります.

練 習 問 題

7・1　次のコードのどこに問題がありますか.

リスト 7・9　q07_01.jl

```
1   using Distributed
2   function half_and_square(x)
3       return (x / 2) ^ 2
4   end
5   result = pmap(x -> half_and_square(x), 1:20)
6   println(result)
```

7・2　底辺と高さを,それぞれ 1 から 10 までの整数に選んだ三角形 100 個をつくり,それらの面積を計算するプログラムを書きなさい. pmap か @parallel のどちらかを使用しなければなりません.

7・3　REST API とは何ですか,なぜ開発者にとって有用なのですか.

7・4　パッケージを使う目的は何ですか. すべてのコードを自分で作成しないのですか.

7・5　たくさんの数を並列に調べて素数かどうかを調べるアプリケーションを作成してください.

8

ファイルの読み書き

　情報を記憶することはアプリケーションの最も重要な部分の一つです．しかし，変数には一つだけ小さな問題があります．利用者がプログラムを終了したり終了したりすると，変数は削除され，それらの変数に格納されたすべての情報を失うことになります．

　この章では次の内容を学びます．

▶ ファイルが便利な理由
▶ ファイルの読み込み
▶ ファイルの書き込み
▶ シーザー暗号の作成

　まず，ファイルがどのようにしてデータを保存するのか，つまりデータを永続化するのかを理解しましょう．

8・1　ファイルが便利な理由

　おわかりのように，アプリケーションは開いている間だけではなく，はるかに長い間データを保存できます．

　Facebook を閲覧しましょう．そのページを閉じてもあなたの情報が "消えてしまう" ことはありません．同様に，Microsoft Word や Apple Keynote を開くと，以前に保存したファイル（文書）を開いて作業を続けることができます．音楽ファイルを何年も保存しておけば，保存された曲を楽しく聴くことができます．

　Word と Keynote は，どのようにしてこれを実現しているのでしょうか．もちろん，ファイルに情報を保存しているからです．

　ファイルはお使いのコンピューターの長期記憶装置に書き込まれます．これは，ソリッドステートドライブ（SSD）またはハードディスクドライブ（HDD）

などです．プログラミング言語にとって重要な“ファイルの読み書き機能”を
Julia は強力に備えています．

　ここでは簡単な例を見てみましょう．具体的には，第 2 章でつくったあいさ
つのプログラム greetings.jl を拡張します．名前の入力を促すプログラムです．
名前を入力して［Enter］キーを押すと，“こんにちは”の後に名前を表示してあ
いさつしてくれます．

8・2　テキストファイルの読み込み

　まずはテキストファイルの作成から始めます．macOS では，TextEdit アプ
リケーションを使用できます．Linux の場合は自分の好きなテキストエディタを
使い，Windows の場合はメモ帳を使ってテキストファイルを作成・編集できま
す．そのファイルに自分の名前を入力してください．私（原著者）の場合は次の
ように入力します．

リスト 8・1　ファイル myname.txt の内容

```
Tanmay Bakshi
```

　myname.txt の名前を付けて，このファイルを保存し閉じます．
　次に，同じディレクトリにファイル filegreetings.jl を作成し，次のコードを
打ち込みます．

リスト 8・2　filegreetings.jl

```
1  username_file = open("myname.txt")
2  username = read(username_file, String)
3  username = rstrip(username)
4  println("こんにちは，$(username)さん ")
```

　Julia でファイルを読むのはこれだけです．1 行ずつ説明していきましょう．

- 1 行目は，myname.txt というファイルを開き，そのファイルを変数
  username_file の中に置きます．以降，この小さなプログラムでは，変数
  username_file を参照するたびに，ファイル myname.txt への参照が得ら
  れ，そこから読み取ることができます．
- 2 行目は，ファイルの内容を取込んで，文字列の値として変数 username に
  書き込みます．ファイルの内容を文字列に変換し，変数 username に代入し
  ます．以降，このプログラムでは，変数 username を参照するときはいつで

も，このファイルのテキストの内容全体を参照することになります．私たちの場合，内容はファイル myname.txt に保存した名前です．

- 3 行目では，変数 username に rstrip 関数を適用して，文字列の末尾に付いた改行文字を抹消します．
- 4 行目では，"こんにちは"の後に，変数 username（私の場合は Tanmay Bakshi）と"さん"を連結して，あいさつ文をつくり，画面に表示します．

実行すると次のような行が表示されるはずです．

リスト 8・2 の実行結果

こんにちは，Tanmay Bakshiさん

"うまくいった"と思った人も多いのではないでしょうか．ファイルを読む方法を学んだところで，ファイルに書き込む方法を見てみましょう．

8・3 テキストファイルへの書き込み

まず，writer.jl という新しいファイルを開き，次のコードを打ち込みます．

リスト 8・3 writer.jl

```
1  print("ファイルに書き込む文字列: ")
2  user_input = readline()
3  user_filename = open("writer.txt", "w")
4  write(user_filename, user_input)
5  close(user_filename)
```

これで完成です．ファイルに書き込むアプリケーションができました．最初の 2 行はお馴染みですから，最後の 3 行を説明しましょう．

- 3 行目は，writer.txt という新しいファイルを開きます．ここで，実引数 "w" をなぜ渡したのでしょうか．これはファイル writer.txt が存在しない可能性があるからです．そしてここでの実引数 "w" は Julia に"存在しないなら結構です．続けてファイルを作成してください"と指示しています．もしファイルが存在せず，実引数 w を渡さなかった場合は，アプリケーションはクラッシュします．
- 4 行目は，変数 user_input の内容をファイル user_filename に書き込みます．

- 5 行目の close 関数は，ファイルを閉じることを Julia に伝えます．ファイルを閉じると，write 文で書き込んだ内容をファイルに保存します．

では，試してみましょう．次のようにテキストを入力します．

リスト 8・3 の実行結果

ファイルに書き込む文字列: `This is a nice writer!`

そして，ファイル writer.txt を開くと，このような内容になっているはずです．

writer.txt の内容（リスト 8・3 の実行後）

```
This is a nice writer!
```

ファイルを読み書きする方法の基本を学んだあなたは，ファイルを使用するアプリケーションを作成する準備ができています．

8・4 シーザー暗号の作成

ファイルの読み書きに関する新たな知識を活用するために，シーザー暗号を実装してみましょう．シーザー暗号という名前をご存じでしょう．これは Julius Caesar（ローマ共和国の領事ですが，皇帝ではありません）にちなんで名付けられた暗号です．

基本的な動作は，すべての文字を前後にシフトさせる（ずらす）ことです．シフトの数をオフセットといいます．

例をあげてみましょう．abcde という単語があるとしましょう．この単語 abcde を誰かにメッセージとして送りたいのですが，受信者以外にはメッセージを理解して欲しくないとします．オフセットが 2 の場合，単語は cdefg になります．この理由は，それぞれの文字をアルファベットの 2 文字先の文字に設定したからです．次を見てみてください．

A → C   B → D   C → E   D → F   E → G

オフセットがわかれば，次のように，文字を後ろに移動させることができます．

C → A   D → B   E → C   F → D   G → E

これで，元のメッセージが得られました．それをよりよく理解するために，表 8・1 を見てみましょう．

表8・1 シーザー暗号

元の文字とインデックス																											
文字		a	b	c	d	e	f	g	h	i	j	k	l	m	n	o	p	q	r	s	t	u	v	w	x	y	z
インデックス	1	2	3	4	5	6	7	8	9	10	11	12	13	14	15	16	17	18	19	20	21	22	23	24	25	26	27
オフセット +2 における文字とインデックス																											
文字	y	z		a	b	c	d	e	f	g	h	i	j	k	l	m	n	o	p	q	r	s	t	u	v	w	x
インデックス	1	2	3	4	5	6	7	8	9	10	11	12	13	14	15	16	17	18	19	20	21	22	23	24	25	26	27
オフセット −3 における文字とインデックス																											
文字	c	d	e	f	g	h	i	j	k	l	m	n	o	p	q	r	s	t	u	v	w	x	y	z		a	b
インデックス	1	2	3	4	5	6	7	8	9	10	11	12	13	14	15	16	17	18	19	20	21	22	23	24	25	26	27

では，早速実装してみましょう．新しい Julia ファイル caesar_cipher.jl を開き，使用するオフセットを利用者に尋ねることから始めます．

リスト8・4 caesar_cipher.jl

```
1   print("文字をずらすオフセット数：")
2   offset = parse(Int64, readline())
```

そして，利用者が使用できる文字の配列 letters を作成します．ここでは，a から z までの小文字の英字を入れます．さらに，空白を空けるための文字として空白文字を入れます．

リスト8・5 caesar_cipher.jl リスト8・4の末尾に追加（3行目から）

```
3   letters = [" "]
4   append!(letters, string.(collect('a':'z')))
```

次に，ファイル document.txt を読み込みます．このファイルの中に利用者が暗号化したい内容が含まれているとします．

リスト8・6 caesar_cipher.jl リスト8・5の末尾に追加（5行目から）

```
5   user_input = rstrip(read(open("document.txt"), String))
```

ここで，文字列 user_input を分割し，組込みの string 関数を使ってすべての部分文字列を文字列に変換します．

リスト8・7 caesar_cipher.jl リスト8・6の末尾に追加（6行目から）

```
6   input_characters = string.(split(user_input, ""))
```

　それでは，入力した文字 input_characters のインデックスを探してみましょう．

リスト 8・8 caesar_cipher.jl　リスト 8・7 の末尾に追加（7 行目から）

```
7  character_indices = map(x -> findfirst(y -> y == x, letters),
8      input_characters)
```

　次に，オフセットに応じて各文字の新しいインデックスを決定する関数を作成する必要があります．

リスト 8・9 caesar_cipher.jl　リスト 8・8 の末尾に追加（9 行目から）

```
9   function determine_new_index(x)
10      x += offset                         # A
11      if x <= length(letters) && x >= 1   # B
12          return x
13      end
14      if x > length(letters)              # C
15          return x - length(letters)
16      end
17      if x < 1                            # D
18          return x + length(letters)
19      end
20  end
```

　では，どのような仕組みになっているのか，部分ごとに説明していきましょう．

10 行目（# A）

リスト 8・10 caesar_cipher.jl　リスト 8・9 から 10 行目を再掲

```
10  x += offset
```

　この行は，利用者が指定したオフセット offset を文字のインデックス x に加えます．しかし，これは最終的な値ではありません．これは配列の境界を尊重しないからです．たとえば，文字 z（配列の 27 番目の文字）にオフセット 6 を加えると，x の値は 33 になります．しかし，そのインデックスに配列要素は存在しません．そこで，その値を折返す必要があります．同様に，文字が空白文字（配列の最初の文字）なら，オフセット -4 の場合，インデックスは -3 になりま

す．もちろん，-3 は配列のインデックスとしては存在しないので，配列の最初
に戻る必要があります．このロジックは，次の if 文によって処理されます．

11～13 行目（# B）

caesar_cipher.jl　リスト 8・9 から 11～13 行目を再掲

```
11  if x <= length(letters) && x >= 1
12      return x
13  end
```

　この if ブロックでは，インデックス x が有効かどうかを調べます．これは，
配列の長さを尊重することを意味します．配列のインデックスは，1 が最小で，
最大が配列の長さです．インデックス x が有効なら x を返します．

14～16 行目（# C）

リスト 8・12　caesar_cipher.jl　リスト 8・9 から 14～16 行目を再掲

```
14  if x > length(letters)
15      return x - length(letters)
16  end
```

　この if ブロックでは，x の値が配列のインデックスの上限を超えているかどう
かを調べます．もしそうなら，x と配列 letters の長さの差を返します．たと
えば，x が 33 で，配列 letters の長さが 27 の場合，新しいインデックスは 6
になります．視覚的な意味では，配列の終わりから 6 番目のオフセットが，配
列の先頭から 6 番目の要素に折り返されていると考えることができます．

17～19 行目（# D）

リスト 8・13　caesar_cipher.jl　リスト 8・9 から 17～19 行目を再掲

```
17  if x < 1
18      return x + length(letters)
19  end
```

　この if ブロックでは，x の値が配列のインデックスの下限 1 よりも小さいか
どうかを調べます．もしそうなら，x と配列 letters の長さの合計を返します．
たとえば，x が -3 で配列の長さが 27 の場合，新しいインデックスは 27-3 と
計算され，24 となります．それだけです．複雑に見えますが，Julia ではこれ

がたった 3 行のコードで済むのです.

　次にオフセット offset だけずらしたインデックス x を求める関数を定義しましょう.

リスト 8・14 caesar_cipher.jl　リスト 8・9 の末尾に追加（21 行目から）

```
21  index_validity(x) = (x <= length(letters) && x >= 1) ?
22      x : ((x > length(letters)) ?
23      x - length(letters) : ((x < 1) ?
24      x + length(letters) : 0))
25  determine_new_index(x) = index_validity(x + offset)
```

　上は 5 行のコードのように見えますが，それは 1 行目がページの幅よりもはるかに長いからです.

　もしこのコードがわかりにくくても，まだ理解を心配する必要はありません. すでに構築した関数の拡張版を使用できます.

　ここで，配列 character_indices の全要素に対して，関数 determine_new_index を呼び出しましょう.

リスト 8・15 caesar_cipher.jl　リスト 8・14 の末尾に追加（26 行目から）

```
26  character_indices = determine_new_index.(character_indices)
```

　最後に，得られた新しいインデックスを使って新しい文字の並びを取得し，それらを一つの文字列に結合し，暗号化した結果をファイル encrypted_document.txt に書き出してみましょう.

リスト 8・16 caesar_cipher.jl　リスト 8・15 の末尾に追加（27 行目から）

```
27  new_characters = map(x -> letters[x], character_indices)
28  new_string = join(new_characters, "")
29  encrypted_file = open("encrypted_document.txt", "w")
30  write(encrypted_file, new_string)
31  close(encrypted_file)
```

　シーザー暗号を実装できました. おめでとうございます.

　では，新しいファイル document.txt を作成して，次のテキストを入力して保存してください（大文字，記号，句読点は使えないことを覚えておいてください）.

document.txt

this is an example text to see if the caesar cipher works
correctly

では，プログラム caesar_cipher.jl を実行して 3 のオフセットを使用します．

文字をずらすオフセット数： 3

ファイル encrypted_document.txt にこのように書き込まれたはずです．

encrypted_document.txt

wklvclvcdqch dpsohcwh wcwrcvhhclicwkhcfdhvducflskhuczrunvcfr
uuhfwoa

変な感じですね．それでは，暗号化されたテキストをファイル document.txt
に書き込んで，テキストを元に戻せるかどうか試してみましょう．
　プログラムを実行し，暗号化されたメッセージから読めるメッセージを戻すた
めに，オフセットを −3 と入力します．

文字をずらすオフセット数： -3

ファイル encrypted_document.txt にこのように書き込まれたはずです．

encrypted_document.txt

this is an example text to see if the caesar cipher works
correctly

シーザー暗号を用いた暗号化と復号化を実装しました．これは魅力的な例でし
た．友人に秘密のメッセージを送るのにも使えます．
　次の章では，他の開発者が作成したパッケージをアプリケーションで使用する
方法を紹介します．

練 習 問 題

8・1　次のコードはどこが間違いですか．

```
1   a = open("my_file.txt")
2   write("Hello!", a)
3   close(a)
```

8・2 シーザー暗号アプリケーションを修正して，+50 や −82 のようなより大きなオフセットを扱えるようにしてください．

8・3 練習問題 8・2 で作成したアプリケーションを修正して，キーボードのすべての（半角）文字を扱えるようにしてください．

8・4 次のコードがコンパイルできないのはなぜですか．

```
1  a = read(open("list_of_food.txt"))
2  println("This is your list of foodstuffs: $(a)")
```

8・5 友人の姓と名が入ったファイルから読み込んで，友人の姓と名を入替えて書き戻すプログラムを作成してください．

9

機械はどのように
学習するのか

　Julia のプログラミング言語を学ぶ旅の最終章へようこそ．機械学習という特殊技術の概念を学びます．機械学習アプリケーションを一からつくり始めるのは難しいでしょう．しかし，この章ではアプリケーションを二つつくります．どちらも，1940 年代からのコンピューター利用例とは違うことを実現しています．

　この章では次の内容を学びます．

▶ 機械学習とは何か，その基礎，そして人間の能力から見た機械とは
▶ 機械学習の仕組み
▶ 機械学習の背後にある計算の入門
▶ Flux の自動微分を利用した単純パーセプトロンの学習

　機械学習（machine learning，ML）とは，コンピューターが"自分で考える"ことを可能にする技術です．より現実的に言えば，膨大なデータセットの中にある複雑で多次元的なパターンを分析できるようになります．この文章の最後の部分は少し複雑に聞こえるでしょう．しかし，心配しないでください．これから私たちがやっていることを正確に説明します．

　最初に，機械学習の技術を簡単に説明します．

9・1　機械学習とは
　機械学習の技術は新しいものではなく，現在のコンピューターが発明される以前から一つの研究分野として発展してきました．しかし，研究者がこの分野に真剣に取組むようになったのは，つい最近のことです．具体的には，カナダのトロントに住む Geoffrey Hinton という研究者が，2012 年に機械学習技術に革新（ブレイクスルー）をもたらしてからです．つまり，今日私たちが畳み込みニューラルネットワーク（convolutional neural network，CNN）とよんでいるもの

を発明したのです.

　次の節から，ニューラルネットワークや機械学習を説明します．その話に入る前に，あなたがよく知っているはずのもの，つまりあなた自身に焦点を当ててみましょう．人間が得意としていることとは何でしょうか.

　これを理解するためには，生命の起源に戻る必要があります．生命は約 35 億年前に誕生しました．一部の分子が周囲の資源を利用して，その中にある暗号化された命令をランダムに実行して自分の複製をつくり続ける能力を手に入れたのです.自然淘汰の過程を経て，これらの分子は，非常にゆっくりと，しかし確実に，原核生物（prokaryotes）の単純な細胞へと進化しました．これらの原核生物は，細菌,原始真核生物，古細菌の三つの大きな生命体のグループに進化しました．細菌と原始真核生物が少しだけ偶然に混ざり合って，現在の真核生物が誕生しました．これらは，ミトコンドリアの力で，植物や動物に進化する可能性をもった細胞です.

　これらの動物が徐々に複雑になっていくと，競争相手を出し抜くための仕組みが必要になってきました．生命体はゆっくりと，単純な視覚，嗅覚，触覚などの感覚を進化させました．しかし，動物たちがこれらすべてのデータを集めている間に，"思考"に特化した一つの場所で，すべてのデータを処理し，感覚から得られるデータの中からパターンを見つけ出し，身体に何をすべきかを伝える必要が生じました.

　脳はますます複雑になりました．恐竜の絶滅とともに，哺乳類，特に人間が台頭しました．現代の人間は，ただの知能ではなく，他の動物には備わっていないある種の知能をもっている点で特別です．私たちは質問でき，物事を知覚でき,自分の存在を問うことができ，なぜ質問するのかを問うこともできます.

　生命の進化はほぼすべて必然から生まれます．サボテンは，環境に水が不足している場合でも，年に一度か二度の降雨から効率よく水を蓄えられるように進化しました．図 9・1 のオーストラリアのヒリアー湖はバブルガムピンク色に見え

図 9・1　オーストラリアのヒリアー湖（別名ピンクレイク）

ます．この湖は塩分が多く，特殊な細菌しか生息できません．この細菌がピンク色をしているため，湖全体がピンク色に見えるのです．

人間も必要に迫られて知能を進化させてきましたが，話はそう単純ではありません．ヒト属の中の人類の祖先を見てみると，他のほとんどの動物よりも優位に立てる物理的な特徴が二つあることがわかります．

1. 人類は，速く走るのは不得意ですが，長時間走ることは得意です．私たちは熱を発散するために汗をかくことができますし，私たちの身体は空気を効率的に取込めるので，非常に速く呼吸できます．つまり，獲物は私たちよりも速く走ることはできても，長く走ることはできないのです．
2. 私たちは二足歩行で，左右の手の親指を他の指と向かい合わせにできます．これにより，他のほとんどの動物にはできないような走り方，投げ方，つかみ方ができるようになりました．

私たちの祖先は，原始的な知能を備え，実はかなりの成功者だったのです．技術的には，人間の知性を現代人の水準まで引き上げるために，複雑な脳をはるかに進化させる必要はありませんでした，なぜなら，より複雑な脳は，（1）より多くの容積を必要とし，（2）より多くのエネルギーを必要とするからです．

それでも，いくつかの進化の奇跡すなわち偶然で，私たち人間は大きな脳を進化させました．これにより，より社会的になり，若者をよりよい方法で育て，病人や高齢者には特別な世話をし，言語を通して知識を共有し，将来の世代の計画を立てられるようになりました．

ここまでの説明は，生命の進化と人間の進化を非常に単純化した概観です．人間は当たり前のことを当たり前にできるように進化してきました．たとえば，物体を認識したり，奥行きを知覚したり，遠近感を予測したりできます．耳に当たる空気分子の振動のパターンを理解することで，聴覚データの意味を理解できます．複雑な自然言語データを理解し，合成することさえできます．これらの技能は，地球上の他のどの動物よりもはるかに優れており，汎用性の高い方法で意思疎通や共同生活ができるようになることを第一の目的として進化しました．

では，技術の話に戻りましょう．現在私たちが技術を利用するとき，他人と意思疎通するときと同じ程度の直観力を期待します．これはコンピューターがほんの数十年前の電卓から大きく進歩したためです．現在のコンピューターは動画を総天然色で再生し，文書作成を補助します．別の場所に移動するときの最短ルー

トを教えてくれたりもします.

　しかし，人間の脳が情報を処理する方法とコンピューターが情報を処理する方法との間には，根本的な違いがあります. 人間の脳は有機的ですが，コンピューターは人工的です. たとえば，細菌が付着した岩石をほぼ完璧に保存し，それらを何千年もかけて他の知的文明に送ったとしましょう. その文明が，この岩石に他の惑星からの生命体（有機物）が含まれていることに気づく可能性は十分にあるでしょう. しかし，電気式計算機を他の文明に送ったとしても，それが何かを理解してもらえる可能性は小さいでしょう. 他の文明の数学は，私たちの数学とは確実に異なるでしょうし，微積分などの概念をまだ発見していない可能性もあります. あるいは逆に，私たちとはまったく異なる数学の体系を高度に発達させている可能性もあります.

　つまり，数学を使って何かを書いても，その"情報"は物理的には宇宙に存在しないということです. 超新星で放出されたエネルギーを予測しても，実際にはそのエネルギーを宇宙に投入しているわけではありません. しかし，その裏にある計算によって，人間の脳はその数字を視野に入れ，その意味を理解できるようになります.

　したがって，コンピューターができることは，電子回路で可能な世界に限られているだけでなく，現在の数学の規則にも縛られていることがわかります. ですから，Universe Sandbox で遊んだり，Siri や Google Duplex と通信しているときなど，コンピューターが見たり感じたり，"知的"つまり"生命体"であるかのように行動するかもしれませんが，生命体ではないということを覚えておく必要があります. コンピューターは，何百万行ものコードを実行する強力な計算機に過ぎないのです. 生命体であるかような使いやすい体験を提供するために，世界中の技術者が何十年もかけて手作りで完成させたのです.

　このような違いのために，従来のコンピューターは私たちが望むほど使いやすいものではありませんでした. 映像の内容を理解しませんし, 人の話を認識しませんし, 自然言語を理解しません. しかし, 機械学習によってこの状況は一変します.

9・2　機 械 学 習 の 仕 組 み

　機械学習（ML）とは，膨大なデータの中から人間には発見できない数学的パターンをコンピューター自身が見つけ出すアルゴリズム（計算手順）をつくることです. 考えてみてください. もし私が，ある写真が猫と犬のどちらかを正確に知る方法を尋ねたら，あなたは何と答えますか. ヒゲや顔の形，耳を見るといい

でしょう．しかし，その動物にヒゲがあるかどうかを，正確に，数学的にどうやって見分ければよいでしょうか．画像のピクセル値を動物の種の分類に変換する数式を定義できるでしょうか．

　それは人間には不可能に近いことですから，もちろんできません．

　実際，特徴工学（feature engineering）という分野がありますが，少し複雑なタスクはうまくいきませんでした．

　そのために機械学習が存在するのです．機械学習は，コンピューターが数式を見つけてくれる一連のアルゴリズムです．本当に素晴らしい概念です．

　人間が経験から学ぶように，機械学習のアルゴリズムも経験から学びます．データセットで機械学習アルゴリズムを“訓練”すると，機械学習アルゴリズムはそのデータセットを“モデル化”し，入力から出力への写像を定義するデータセットの複雑さやパターンを理解しようとします．しかし，人間の学習と機械の学習には大きな違いがあります．人間は，例がなくても学習できます．また，1例または数例からでも学習できます．しかし，機械は何百，何千，何百万もの例から学習しなければなりません．

　送風機と芝刈り機の違いを，どちらも見たことがない人に口頭で説明しても，それなりに理解してもらえるでしょう．しかし，コンピューターにこの二つのどちらかに分類させようとすると，少なくとも何百もの視覚的な例を提供しなければ，納得のいく結果を得ることはできないでしょう．

　また，これらのアルゴリズムを学習させるには膨大な計算能力が必要です．単一のコンピューターではなく，**並列計算**（parallel computing）の能力が必要ですが，Julia はこれを得意としています．

9・3　Flux を用いたスタイル転写

　Julia は，機械学習に関するあらゆる要求に対応する Flux というパッケージを用意しています．Flux プロジェクトの一部に Metalhead プロジェクトというものがあり，自分で機械学習アルゴリズムを学習しなくても，事前に学習した機械学習アルゴリズムをコンピューター上で使用できます．

　REPL を開き，次のパッケージを追加します．

- Flux
- Metalhead
- Tracker（Flux プロジェクトに含まれるパッケージの一つ）
- Images
- PyCall

そのための命令を紹介します.

リスト 9・1　パッケージのインストール

```
1  using Pkg
2  Pkg.add(name = "Flux", version = "0.12.6")
3  Pkg.add(name = "Metalhead", version = "0.5.3")
4  Pkg.add(name = "Tracker", version = "0.2.16")
5  Pkg.add("Images")
6  Pkg.add("PyCall")
```

*　〔訳注〕本章のプログラムは，Flux, Metalhead, Tracker 各パッケージの最新版（2022 年 1 月現在）では動作しないので，原著プログラムコードのままで動作する各パッケージの版を指定しました．Pkg.update() 命令を実行すると，すべてのパッケージが最新に更新されるので，リスト 9・1 を再び実行してから，各プログラムを実行してください.
　なお，各プログラムの実行中に "Package ABC is required but does not seem to be installed" というエラーメッセージが表示される場合には，さらに ABC パッケージを導入する必要があります．Pkg.add("ABC") 命令を実行して導入してください.

新しい Julia ファイルを開き，次のコードを打ち込みます.

リスト 9・2　imageclassifier.jl

```
1  using Metalhead: VGG19, preprocess, load, labels
2  using Flux: onecold
3  model = VGG19()
4  class_labels = labels(model)
5  print("ファイル名: ")
6  user_image = preprocess(load(readline()))
7  model_prediction = model(user_image)
8  top_class = onecold(model_prediction)[1]
9  class_name = class_labels[top_class]
10 println("この画像が含むのは: $(class_name) ")
```

　数学や機械学習の観点からは，モデル自体の仕組みは比較的簡単ですが，読者は初学者でしょうから，ここでは深く説明しません.

　それでも，上で示した Julia のコードは簡潔で，読者も上のコードをほとんど理解できるでしょう．このように洗練された Julia と Flux パッケージのおかげで，機械学習モデルを使うために複雑すぎるコードを書く必要はないのです.

　先に進みましょう．ペットやパソコン，テレビ，自分自身などいろいろなものを撮影したりインターネットから写真をダウンロードしたりできます．それらの

画像を先ほど書いた Julia のコードと同じディレクトリに置いて，コードを実行してみましょう.

このコードを初めて実行すると，VGG19 という機械学習モデル（"Oxford Visual Geometry Group" の 19 階層モデルの略）をインターネットからダウンロードします．お使いのインターネット回線によっては数分または数十分かかる場合があります.

その後，何回コードを実行したかに関わらず，モデルの初期化を行いますが，古いコンピューターでは数秒から数分かかる場合があります．モデルの読み込みが完了すると，画像ファイルを求めるプロンプトが表示されます．ファイルの名前と拡張子を入力し，[Enter] キーを押します．数秒後，コードは画像に含まれた内容を出力するはずです.

たとえば，図 9・2 の cat.jpg という画像があるとします.

図 9・2　imageclassifier.jl プログラムを試すための猫の写真

このようにしてプログラムと対話しました.

コード 9・2 の実行例

```
ファイル名: cat.jpg
この画像が含む物は: Egyptian cat
```

図 9・2 の画像に対して，プログラムは "Egyptian cat（エジプト猫）" と分類しました．このような画像分類の技術は，素晴らしいですが，新しくはなく，何年も前から存在しています．たとえば，Apple Photos や Google Photos は，画像を自動的に分類します．実際，これらのプラットフォームは自動的な顔認識も行うので便利です.

次に，機械学習を使ってアートを生み出してみましょう．今回は DeepDream

のアートを生成するために，**勾配上昇法**（gradient ascent technique）を使用します．DeepDream は，数年前に Google の研究者が "ニューラルネットワークの活性化" を視覚化したもので，覚えている皆さんも多いでしょう．

　"ニューラルネットワーク" が難しく聞こえることは承知しています．ほとんどの言語では，このアルゴリズムの単純なバージョンを実装するだけでも，かなりのコードが必要になります．しかし，Julia ではこれはほとんど些細なことです．

　次のコードを打ち込みましょう．

リスト 9・3 `deepdream.jl`

```
using Metalhead: VGG19, preprocess, load
using Flux: @epochs
using Statistics, PyCall, Tracker
using Images: RGB
np = pyimport("numpy")
Image = pyimport("PIL.Image")

function deprocess_and_pillow(img)
    μ = [0.485, 0.456, 0.406]
    σ = [0.229, 0.224, 0.225]
    rgb = cat(collect(map(x ->
        (img[:, :, x, 1] .* σ[x]) .+
            μ[x], 1:3))..., dims=3)
    rgb = np.uint8(np.interp(
        np.clip(rgb ./ 255, -1, 1),
            (-1, 1), (0, 255)))
    return Image.fromarray(rgb).transpose(
        Image.FLIP_LEFT_RIGHT).rotate(90)
end

model = VGG19().layers[1:11]    # A
loss(x) = mean(model(x))
dloss(x) = Tracker.gradient(loss, x)[1]

function calc_gradient(x)
    g = Tracker.data(dloss(x))
    return g * (mean(1.5 ./ abs.(g)) + 1e-7)
```

```
28    end
29
30    print("ファイル名: ")
31    img = preprocess(load(readline()))
32    @epochs 20 global img += calc_gradient(img)
33    deprocess_and_pillow(img).show()
```

＊　[訳注] 10 行目の σ はギリシャ文字のシグマの小文字です．入力方法は p.51 のコラム
を参照ください．

　上のプログラムがどのように動作するかについては詳しく説明しませんが，
Julia で何ができるかを見てもらうことがポイントです．

知っておくべきこと

　ニューラルネットワークの重みを学習する場合，損失関数を用いて重みに対す
る勾配を求めるのではありません．畳み込みニューラルネットワークの特定の層
の"フィルター"の平均値を最大化する関数を用いて，入力に対する勾配を求め
るのです．

　このアプリケーションを実行しましょう．やはりモデルを読み込んだ後，ファ
イル名を要求してきます．今回は，私の画像を与えてみます（図9・3）．
　図9・4のような出力が得られます．

**図9・3　deepdream.jl プログラムに
与える写真（著者 Tanmay Bakshi
の顔写真）**

**図9・4　deepdream.jl プログラム
から得られた第一の画像**

素敵なアートですね．

リスト9・4　deepdream.jl　リスト9・3の21行目（# A）を再掲

```
21    model = VGG19().layers[1:11]
```

を，次のように変更します．

リスト 9・5　`deepdream_v2.jl`　リスト 9・3 の 21 行目を修正

```
21  model = VGG19().layers[1:end-10]
```

さらに不気味なアートが表示されるはずです（図 9・5）．

図 9・5　deepdream.jl プログラムから得られた第二の画像

おかしいですか．ではもう少し落ち着くようにしてみましょう．21 行目のコメント A（# A）の行を次のように変更しましょう．

リスト 9・6　`deepdream_v3.jl`　リスト 9・3 の 21 行目を修正

```
21  model = VGG19().layers[1:7]
```

実行すると，図 9・6 のような表示になるはずです．

図 9・6　deepdream.jl プログラムから得られた第三の画像

なかなかいいですね．このアートについて覚えておいてほしいことがあります．得られた画像は，ベースとなる画像のキャンバス上に，コンピューターがランダムに筆で描いた絵ではありません．それ以上のことが起きているということです．実際，このシステムは，1000 種類のカテゴリーからなる 100 万枚以上

の画像を含む，世界最大の画像データセットを用いて学習されました．そのため，よく見ると，画像の中に，動物などの特徴と似ているものが見つかる可能性があります．

　たとえば，ここで生成した2番目の画像では，私の目と口の周りに犬や動物のような特徴があります．これは，このアートを生成する前にこのシステムが見せられたデータセットには，たくさんの動物が含まれているからです．

　機械学習の技術を利用して実装した上のプログラムは，Julia の構文，機能，コンパイラのおかげで簡潔になっています．

9・4　機械学習の背後にある計算の入門

　今起こったことをより深く理解するために，もっとも単純なニューラルネットワーク，つまり，**パーセプトロン**（perceptron）をもう少し説明しましょう．パーセプトロンは 1957 年に Frank Rosenblatt が発明しました．

　それを理解するために，図9・7を見てください．

図9・7　パーセプトロンの概念的表現

　左右に二つの円があります．二つの円をつなぐ線があります．これらを生物学の用語に対応させると，円は**ニューロン**（neuron），線は**シナプス**（synapse）になります．この線には，二つのニューロンの接続の重要度を表す**重み**（weight）とよばれる値を設定します．

　簡単に言うと，ニューロンは，人間の神経系の基本的な単位で，信号を伝える能力をもつ特殊な細胞です．シナプスとは二つのニューロン間の接続です．

　左側のニューロンを**入力ニューロン**（input neuron）とよびます．入力ニューロンがもつ値は計算するというよりも，むしろ与えるものです．次に右側のニューロンを**出力ニューロン**（output neuron）とよびます．出力ニューロンの値は，"重み付けされた入力の和"ですから，接続された入力ニューロンの値に依存します．図9・7の例では，出力ニューロンの左側に接続された入力ニューロンは一つしかないので，出力ニューロンの値は，入力ニューロンの値とシナプスの重みの積になります．複数の入力ニューロンが接続された場合は，すべての入力ニューロンの値にそれぞれの重みをかけ，それらの積を加えた値となります．

図9・7に戻ると，入力ニューロンは一つですから，出力ニューロンの値 o は，入力 i と重み w を用いて次の式で表されます．

$$o = i \times w$$

ここで，入力ニューロンの値を 0.2，シナプスの重みの値を 0.4 とします．出力ニューロンの値を計算してみましょう．

$$o = 0.2 \times 0.4$$
$$= 0.08$$

上のように出力値が得られました．しかし，ニューラルネットワークは，あなたが望む出力が提供できるように訓練しなければ意味がありません．ここでは，与えられた入力の符号を変えるという単純なタスクをニューラルネットワークに実行させるとします．つまり，この場合は 0.2 の出力が欲しいのですが，現在の出力は 0.08 です．

次の表9・1は，開始時の変数の値を簡略化して表したものです．

表9・1　変数一覧（開始時）

反復回数	入　力	現在の重み	現在の出力	期待する出力	期待する出力との差
開始時	0.2	0.4	0.08	−0.2	0.28

よりよい出力を得るためには，期待される結果に近づくように重みの値を変更する必要があります．どうすればよいのでしょうか．それには，微積分を少し使う必要があります．微積分の高度な知識がなくても理解できるので心配しないでください．もちろん知っているのに越したことはありません．

新しい重みを決める前に，まず，ニューラルネットワークが期待した出力からどれだけずれているかを確認する必要があります．これを**損失関数**（loss function）または**誤差関数**（error function）といいます．この場合は，期待される出力とニューラルネットワークの出力との差の 2 乗とします．

期待される出力を z とすると，損失関数は次のように表されます．

$$loss(i, w, z) = (z - (i \times w))^2$$

損失の値を計算してみましょう．

$$loss(0.2, 0.4, -0.2) = (-0.2 - (0.2 \times 0.4))^2$$
$$= 0.0784$$

これは，ニューラルネットワークの"不正解"の大きさが 0.0784 だということを示しています．しかし，"不正解"の大きさから，どのように新しい重みを計算するのでしょうか．損失関数の微分を計算すると，希望の出力に近づけるために，どのように重みを更新すればよいかを教える新しい関数が得られます．この新しい関数が，どのように働くかを気にする必要はありません．次の式が"重みに対する損失関数の微分"ということだけ知っていればよいのです．

$$\frac{d}{dw} \text{loss}(i, w, z) = 2 \times i \times (i \times w - z)$$

値を計算してみましょう．

$$\frac{d}{dw} \text{loss}(0.2, 0.4, -0.2) = 2 \times 0.2 \times (0.2 \times 0.4 - (-0.2))$$
$$= 0.112$$

これで損失関数の微分値がわかりました．

ここで覚えておくべきことがあります．重みの値をそのまま更新してはいけません．ある程度重みを調整する必要があります．これを**学習率**（learning rate）といいます．人間と同じように学習率が高すぎる（つまり，学習速度が速すぎる）と，ニューラルネットワークはまったく学習しません．低すぎるとニューラルネットワークの学習に時間がかかりすぎます．したがって，学習率が必要なのです．

ここでは，学習率を 0.1 とします．重みの値を次のように更新します．

$$w = w - (0.112 \times 0.1)$$
$$= 0.3888$$

では．ニューラルネットワークを用いて予測しましょう．

$$o = i \times w$$
$$= 0.2 \times 0.3888$$
$$= 0.07776$$

前より近くなりましたね．どの程度近づいたでしょうか．最終的に期待する出力は −0.2 です．更新前の出力は 0.08 でしたので，最終的に期待する出力 −0.2 との差は 0.28 でした．新しい重み 0.3888 を用いると，出力は 0.0776 になりました．期待する出力との差は 0.27776 と小さくなりました．

次の表 9・2 は，1 回目の手順の後に最終的な出力に近づくように学習する様

子を簡単化して示しています.

表 9・2　変数一覧（反復 1 回目）

反復回数	入　力	現在の重み	現在の出力	期待する出力	期待する出力との差
開始時	0.2	0.4	0.08	−0.2	0.28
1	0.2	0.3888	0.07776	−0.2	0.27776

別の観点から, 損失はどの程度か, もう一度計算してみましょう.

$$\text{loss}(0.2, 0.3888, -0.2) = (-0.2 - (0.2 \times 0.3888))^2$$
$$= 0.0771506176$$

損失関数の値が 0.078 から 0.077 まで下がりました. この手順を繰返していけば, 許容できる値になるはずです. データセットが大きい場合, よい結果を得るためには何十万回も繰返す必要があります.

　ここまでは, 1 変数の訓練例に基づいて, 新しい重みを計算しただけです. これではデータ量が少なく, ニューラルネットワークの学習にはもっと多くのデータが必要です. より多くの例を学習するための一つの方法は, 多変数について損失を平均化する方法です.

9・5　Flux の自動微分を利用した単純パーセプトロンの学習

　Statistics パッケージと（Flux プロジェクトに含まれる）Tracker パッケージを用いて, 単純パーセプトロンを学習させるプログラムを作成しましょう. 完成版をリスト 9・13 に示します.

　最初にパッケージを利用可能にします.

リスト 9・7　negator.jl

```
1  using Statistics
2  using Tracker
```

　次に, ニューラルネットワークの入力（配列）, 期待される出力（配列）, 重みを定義します.

リスト 9・8　negator.jl　リスト 9・7の末尾に追加（3 行目から）

```
3  inputs = [0.2, -0.3, 0.5, 1, -0.9]
4  outputs = [-0.2, 0.3, -0.5, -1, 0.9]
5  weight = 0.4
```

それでは，予測値を計算する関数を作成しましょう．

リスト9・9　negator.jl　リスト9・8の末尾に追加（6行目から）

```
6   predict(inputs, weight) = inputs .* weight
```

次に，損失関数を作成しましょう．

リスト9・10　negator.jl　リスト9・9の末尾に追加（7行目から）

```
7   loss(inputs, outputs, weight) =
8       mean((outputs .- (inputs .* weight)) .^ 2)
```

最後に，損失関数の微分を定義しましょう．

リスト9・11　negator.jl　リスト9・10の末尾に追加（9行目から）

```
9    dloss(inputs, outputs, weight) =
10       Tracker.data(
11           Tracker.gradient(
12               loss, inputs, outputs, weight)[3])
```

これは何をしたのでしょうか．Flux ML ライブラリにある `Tracker` パッケージは，**自動微分**（automatic differentiation）とよばれる機能を提供します．この仕組みを知る必要はありませんが，ほとんどの関数の微分値を自動的に計算できます．

知っておくべきこと

　自動微分は，どんなに複雑な関数も，加減乗除や指数関数など，いくつかの単純な演算の組合わせで構成されるという前提で動作します．連鎖律を利用して，計算過程で変数にどのような演算を適用したかを追跡することで，`Tracker` はリバースモードの自動微分（reverse-mode automatic differentiation）を用いて，関数の微分を自動的に計算します．

それでは，学習ループを作成してみましょう．

リスト9・12　negator.jl　リスト9・11の末尾に追加（13行目から）

```
13   for i in 1:100
14       println("現在の予測: $(predict(inputs, weight))")
15       println("現在の損失: $(loss(inputs, outputs, weight))")
```

```
16    println("現在の重み: $(weight)")
17    d = dloss(inputs, outputs, weight)
18    global weight -= d * 0.1
19  end
```

　上のコードを実行すると，重みがゆっくりと負に向かって移動するのを観察できます．それは理にかなっています．私たちは，入力の符号を反転する，つまり，−1 を乗算するニューラルネットワークをつくろうとしているからです．
次の表 9・3 は，数十回の繰返しの後，期待される出力にきわめて近い出力が得られるように重みが調整される様子を簡略化して示します．この表では，入力と出力は配列の第一要素のみ表示します．

表 9・3　変数一覧（反復 n 回目）

反復回数	入　力	現在の重み	現在の出力	期待する出力	期待する出力との差
開始時	0.2	0.4	0.08	−0.2	0.28
1	0.2	0.3888	0.07776	−0.2	0.27776
.					
.					
.					
n	0.2	−0.999978	−0.1999956	−0.2	0.0000044

　上の表の最後の行の反復回数 n は，システムの複雑さに応じて，数十から十数万までの範囲になります．これには，タスクがどれだけ複雑で，モデルがどれだけ単純で，どれだけのデータを使って訓練すべきかに依存します．上の例では，入力として与えられた値の符号を反転するだけなので，約 200 回の繰返しが必要でした．実際にはそれよりも少ない回数で十分です．
　ここまでのコードをまとめて示します（リスト 9・13）．このコードを使うと，入力された数の符号を反転できます．

リスト 9・13　negator.jl　全体

```
1  using Statistics
2  using Tracker
3  inputs = [0.2, -0.3, 0.5, 1, -0.9]
4  outputs = [-0.2, 0.3, -0.5, -1, 0.9]
5  weight = 0.4
6  predict(inputs, weight) = inputs .* weight
```

```
7   loss(inputs, outputs, weight) = mean(
8       (outputs -(inputs .* weight)) .^ 2)
9   dloss(inputs, outputs, weight) =
10      Tracker.data(
11          Tracker.gradient(
12              loss, inputs, outputs, weight)[3])
13  for i in 1:1000
14      println(i)
15      println("現在の予測: $(predict(inputs, weight))")
16      println("現在の損失: $(loss(inputs, outputs, weight))")
17      println("現在の重み: $(weight)")
18      println("")
19      d = dloss(inputs, outputs, weight)
20      global weight -= d * 0.1
21  end
```

　ここまでの例題では，簡単な微積分を使って計算機が学習した単純なパーセプトロンをつくりました．これらの基礎知識は，先ほどの DeepDream のアートも含めて，深層学習（deep learning，ディープラーニング）のすべての要素を構成するものです．

ご覧のように，機械学習は数学的アルゴリズムの強力な集合体です．ニューラルネットワークは，この新技術の最前線に位置しています．Julia と一緒に何をつくるのか楽しみですね．次の章では，その手助けとなるような情報をまとめましたので紹介します．

練 習 問 題

9・1 今日，ML の技術は何に使われていますか．

9・2 人間が“知的”とされる理由を説明してください．

9・3 パーセプトロンとはどのようなものですか．

9・4 パーセプトロンの出力値を計算する式を説明してください．

9・5 パーセプトロンは誰がいつ発明しましたか．

10 次のステップと情報源

　おめでとうございます．この本の最後の章まで到達しました．この章は，Julia を学ぶ旅を進めるあなたへ向けて，あなたが情熱を持って貢献したいと考える特定の目標を達成することを後押しするために設けました．

　この章では，次の内容を学びます．

▶ スキルを磨くためにすべきこと
▶ 利用可能な情報源

　私は，あなたに期待していますし，あなたもきっとそうだと確信しています．ここまで見てきたように，Julia は構文と実行性能の両面で優れた言語です．さらに付け加えると，完全にオープンソースです．エラーを少なく，使いやすく，実行性能を向上させるために，常に貢献したいと考えている人々に支えられた素晴らしいコミュニティもあります．

　ここから，本書の最後のテーマ"これからどうすればいいのか"が見えてきます．

10・1　スキルを磨くためにすべきこと

　Julia のスキルを磨くには，第一に Julia との経験を積む必要があります．本書では，プログラミングの経験を次の段階にもっていくために必要な道具と知識をお伝えしました．しかし，次のような話題は，複雑すぎて本書ではお話しできませんでした．

- マクロとメタプログラミング
- 複合型（composite type）とその他の型
- グラフィカル・ユーザ・インターフェース（GUI）とグラフ描画

- 必要に応じて C と Fortran コードを呼び出す方法
- 型安全な関数の最適化
- コードのベンチマーク
- Debugger.jl を使ったコードのデバッグ

　これらは，Julia を知り Julia と一緒に仕事をする "旅" の次の段階となります．次にあなたの旅を円滑に進めるための，情報源をいくつか紹介します．

10・2　利用可能な情報源

　オンライン（動画や公開討論室などの形で）とオフライン（書籍の形で）の両方で素晴らしい情報源があります．ここでいくつか取上げます．

　a. YouTube　　この動画共有サイトは，実は Julia プログラミングをはじめとするプログラミングを学ぶのに最適な場所です．原著者の YouTube のプレイリスト "Tanmay Teaches Julia" では，読者の皆さんの質問に対して回答したり，さらに説明が必要な話題を解説したりしています．また，インターネット上の他の情報源を訪問して学ぶこともできます．

　b. StackOverflow（別名 SO）　　世界で最も人気がある開発者向けサイトです．プログラマーとして生きていくには，StackOverflow の力を借りないと難しいでしょう．1000 万人以上の開発者がいるため，ほとんどすべての質問がすでに寄せられています．しかし，何か貢献できそうなことや助けが必要なことがあれば，StackOverflow に気軽に書き込んでください．知識や能力を高めることができるでしょう．

　c. Julia Discourse Forum　　Julia には，Julia Discourse Forum とよばれる独自の公開討論室があります．ここは，質問したり，感想を述べたり，機能を提案したり，Julia の将来について調べたりできる場です．もし，Julia の核となる概念で困っている場合や，途方に暮れている問題について助けが必要な場合，Julia Discourse Forum は，Julia プロジェクトに従事する人たちから直接助けを得られる素晴らしい場所です．

　d. Julia Slack Channel　　Slack は，チームで繋がり，自分の考え，アイデア，質問を共有し作業するための素晴らしい方法です．Julia は，さまざまな特定の話題に関連する公開 Slack チャンネルをいくつも提供しています．たとえば，"helpdesk" チャンネルでは，あなたが直面している問題について簡単に質問できます．また，Flux について質問するための "machine-learning" チャ

ンネルや，Julia 自体について語るための"general"チャンネルなどがあります．

　これらは，Julia をもっと知っていただくためのさまざまな方法のほんの一部です．REPL を使用することは，練習と学習を同時に行う非常に賢い方法です．また，Julia には，この言語が提供するほぼすべての機能について，非常に詳細に徹底して説明されたドキュメントが用意されています．このドキュメントは https://docs.julialang.org で閲覧できます．

　最後になりましたが，皆さんの前途に幸多からんことを祈ります．この本が，皆さんにとって Julia のよいスタートになれば幸いです．まだプログラミングをしたことがない方には，この本がきっかけとなってプログラミングの旅を始めていただければ幸いです．

索　引

菅 原 宏 治
<small>すが わら ひろ はる</small>

1964 年 神奈川県に生まれる
1988 年 東京大学工学部 卒
1993 年 東京大学大学院工学系研究科博士課程 単位取得退学
現 東京都立大学システムデザイン学部 准教授
専門 機能物性工学
博士（工学）

第 1 版 第 1 刷 2022 年 2 月 10 日 発行

天才プログラマー タンメイが教える
Julia 超 入 門

訳　者　菅　原　宏　治
発 行 者　住　田　六　連
発　行　株式会社 東京化学同人
東京都文京区千石 3 丁目 36-7（〒112-0011）
電 話 03-3946-5311・FAX 03-3946-5317
URL: http://www.tkd-pbl.com/

印 刷　中央印刷株式会社
製 本　株式会社松岳社

ISBN978-4-8079-2021-1
Printed in Japan

Pythonを完全習得したい人必携の本

ダイテル Python プログラミング
基礎からデータ分析・機械学習まで

P. Deitel, H. Deitel 著

史　蕭逸・米岡大輔・本田志温　訳

B5判　576ページ　定価5280円

世界的に評価の高いダイテルシリーズの Python 教科書の日本語版
記述はシンプルで明快！　独習にも最適な一冊！

多くの分野から集められた豊富な例が含まれ，実世界のデータセットを使ってPythonプログラミングを本格的に学べる．全16章から構成され，1〜5章でPythonプログラミングに必要な基礎を学んだのち，6〜9章でPythonのデータ構造，文字列，ファイルについて学ぶ．10章ではより高度なトピックを扱い，11〜16章でAI，クラウド，ビッグデータでの事例を紹介する．

主要目次

DIGITAL FOREST

定価は10％税込，2022年2月現在

次時代を担う「クリエイティブなプログラマー」養成のために

13歳からの
Python 入門
新時代のヒーロー養成塾

J. R. Payne 著

竹内 薫 監訳／柳田拓人 訳

B5 判　260 ページ　定価 2420 円

Python でのプログラミングに興味のある
ビギナー対象の入門書

- ◆ Python でのプログラミングを学びたい，
- ◆ 初心者としてプログラミング自体を学びたい，
- ◆ スキルとして Python を身につけたい，という方に有用！

クリエイティブなプログラマーこそが社会で活躍するヒーローになる
時代．教養として必須の Python の基本文法からゲーム制作までを初
心者が楽しく独習できる．教育・研修用のテキストとしてもお薦め．

DIGITAL FOREST

定価は 10 % 税込，2022 年 2 月現在

情報科学分野の好評書籍

Python, Rで学ぶ データサイエンス

C. D. Larose, D. T. Larose 著／阿部真人・西村晃治 訳

A5 判　264 ページ　定価 2640 円

データサイエンスを実践的に学べる教科書・実用書．実社会における分析課題を解決する技量を養う．

- -

ロス・キニー 論 理 回 路

C. H. Roth, Jr. ほか著

佐藤 証・三輪 忍・吉永 努 訳

B5 判　250 ページ　定価 2970 円

論理回路の基礎を豊富な図表とともに学べる教科書．理論と応用のバランスがとれたわかりやすい一冊．

- -

ビッグデータ超入門

D. E. Holmes 著／岩崎 学 訳

A5 判　128 ページ　定価 1540 円

今さら聞けないビッグデータの基本知識，実社会への影響について数式なしでコンパクトにまとめた入門書．

- -

進化するオートメーション
AI・ビッグデータ・IoT そしてオートノマスが拓く未来

T. E. Carone 著／松元明弘・田中克昌 監訳

A5 判　232 ページ　定価 2420 円

オートノマス（自律システム）の進歩が各方面のビジネスモデルや私たちの生活に及ぼす影響を解説．

定価は 10％税込，2022 年 2 月現在